Sophie Hochhäusl · Alex Mayer · James K. Skone

Pinsel, Paula und die plaudernden Häuser

Wiener Architektur für kleine & größere Menschen

Für meinen Opa Leopold Mayer

Alles Liebe

Alex M.

öbv✻hpt

www.oebvhpt.at

Dieses Buch ist Pinsel, Paula und den plaudernden Häusern gewidmet.

Gedruckt mit Unterstützung der Akademie der bildenden Künste Wien.

]a[akademie der bildenden künste wien

1. Auflage 2006 (1,00)
© öbvhpt VerlagsgmbH & Co KG, Wien
Jede Art der Vervielfältigung, auch auszugsweise, gesetzlich verboten
Illustrationen: Alex Mayer
Gestaltung: Pia Moest
Druck und Bindung: Druckerei Theiss GmbH, A-9431 St. Stefan
gedruckt auf Eurobulk 100 g/m²
ISBN 3-209-05349-9

Inhalt

Von Pinsel und Paula .... Seite 5

Vom Krauthappl und der frechen Kunstkiste .... Seite 6
    Wiener Secession, Friedrichstraße 12, 1010 Wien
    Kunsthalle Wien, Project Space, Karlsplatz/Treitlstraße 2, 1040 Wien

Von der eleganten Hofburg und dem Nackerpatzl .... Seite 18
    Hofburg/Österreichische Nationalbibliothek, Heldenplatz, Mitteltor, 1010 Wien
    Looshaus am Michaelerplatz, Michaelerplatz 3, 1010 Wien

Vom Steffl und seinem entfernten Verwandten .... Seite 30
    Stephansdom, Stephansplatz, 1010 Wien
    Messeturm, Messeplatz 1, 1020 Wien

Vom großen Karl-Marx-Hof, von der Müllverbrennungsanlage und vom Träumeland ... Seite 40
    Karl-Marx-Hof, Heiligenstädterstraße 82-92, 1190 Wien
    Müllverbrennung Spittelau, Spittelauer Lände 45, 1090 Wien

Vom betagten Südbahnhof .... Seite 52
    Südbahnhof, Wiedner Gürtel 1, 1100 Wien

Vom Semperdepot, von der Feuertreppe und vom Pavillon .... Seite 58
    Atelierhaus der Akademie der bildenden Künste Wien (ehemaliges Semperdepot),
    Lehárgasse 6–8, 1060 Wien

Von den alten und den jungen Museen .... Seite 64
    Kunsthistorisches Museum, Burgring 3, 1010 Wien
    Naturhistorisches Museum, Burgring 7, 1010 Wien
    Leopold Museum, Museumsquartier, Museumsplatz 1, 1070 Wien
    Museum Moderner Kunst Stiftung Ludwig Wien, Museumsquartier, Museumsplatz 1, 1070 Wien

Von Paula und Pinsel .... Seite 78

Paula erzählt .... Seite 80

Die wichtigsten Baustile .... Seite 82

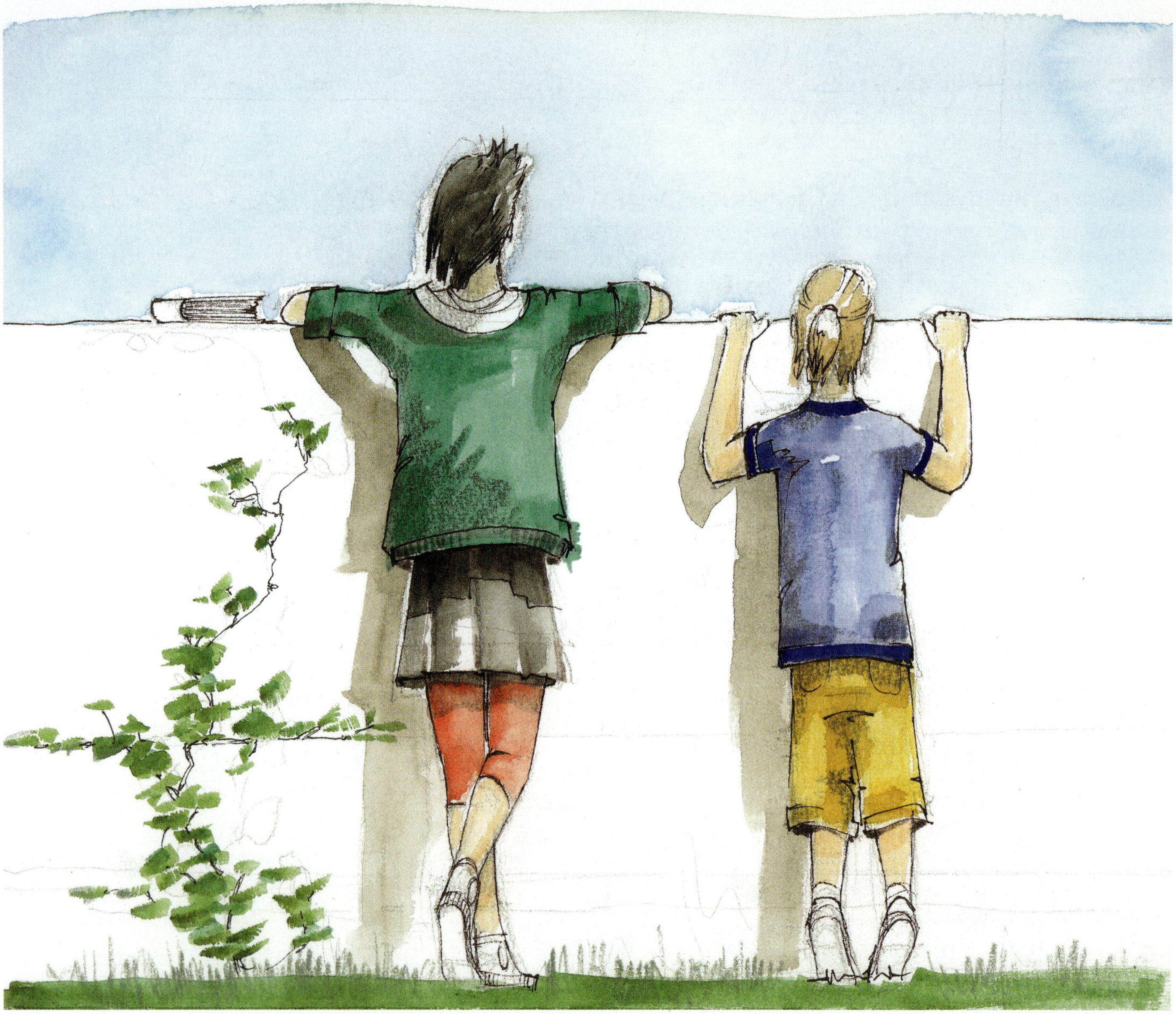

Von Pinsel und Paula

Vielleicht sollte ich dir als Erstes Pinsel und Paula vorstellen, denn sie sind es schließlich, um die sich unsere Geschichte dreht, und du bist sicher neugierig, wer sie sind.

Natürlich heißt Pinsel gar nicht Pinsel, sondern Elias. Diesen Spitznamen hat Elias nur, weil er sich seine langen Haare immer zusammenbindet, eben wie einen Pinsel, damit sie ihm nicht ins Gesicht fallen. Sein größerer Bruder behauptet, das sei eine Mädchenfrisur, und wenn er Pinsel ärgern will, nennt er ihn Pinselchen, weil Elias ein bisschen klein ist für sein Alter. Pinsel aber mag seine Frisur und auch sein Spitzname passt gut zu ihm, weil er für sein Leben gern malt.

Paula ist Pinsels beste große Freundin. Es ist gut, sie als Gefährtin zu haben, denn sie ist ziemlich klug, weil sie sehr viel liest. Außerdem ist sie ein wenig verrückt. Paulas Eltern haben nie viel Zeit und so kann Paula alles tun und lassen, was sie will.

Es war kurz vor den Sommerferien. Überall roch es nach frischem Gras und die Sonne schien den lieben langen Tag lang. Vielleicht würden sich Pinsels Eltern in diesem Sommer scheiden lassen, aber Pinsel hoffte von ganzem Herzen, dass sie sich wieder vertragen würden.

Dann fragte er sich, wie es wohl wäre, wenn er seinen Papa nur mehr am Wochenende sehen konnte, und er bekam Angst. Pinsel liebte nämlich seinen Papa, weil er immer mit ihm malte oder ganz wunderbare Dinge mit ihm bastelte.

Hin und wieder weinte Pinsel in der Nacht. Heimlich, weil sein Bruder ihm einmal gesagt hatte, dass nur Mädchen weinen. Paula aber fand, dass Buben genauso ein Recht hatten zu weinen, wenn ihnen danach war. Und sie musste es ja wissen, denn sie war klug.

In diesem Frühsommer also hatten Pinsel und Paula alle Zeit der Welt, um sich draußen herumzutreiben. Ihre Streifzüge führten sie in die grünen Parks und zu den großen Plätzen, wo immer viel los war.

Und plötzlich, an einem warmen Tag im Mai, ganz ohne Vorzeichen, ereignete sich etwas Seltsames.

Davon will ich hier berichten.

Vom Krauthappl und der frechen Kunstkiste

Nach der Schule machten Pinsel und Paula meistens einen kleinen Umweg und spazierten über den Naschmarkt zum Heldenplatz. Paula bestand darauf, dass sie immer denselben Weg gingen, weil es in den schmalen Gassen zwischen den Ständen so viel zu sehen gab. Die Verkäufer schrien durcheinander, die Menschen tummelten sich beim Einkauf, ihr Stimmengewirr erzeugte eine gleichförmige Musik und überall duftete es nach den fernen Ländern.

Wenn der fröhliche, alte Japaner am Eck da war, schenkte er den beiden meistens ein Päckchen Kekse, die alle Zettelchen enthielten, mit Sprüchen und Lebensweisheiten bedruckt. Pinsel überließ Paula fast immer sein Zettelchen, denn sie liebte die Weisheiten ganz besonders und verwendete sie als Lesezeichen. Meistens wechselte Paula ein paar Worte auf Japanisch mit dem alten Herrn, denn er war ein guter Freund ihres Vaters. Ja, Paula sprach fließend Japanisch. Hie und da konnten die beiden auch frische Kirschen oder Erdbeeren an einem der Obststände probieren, was es eben gerade gab. Wenn Pinsel alleine dort war, zeichnete er manchmal ein bisschen, denn er mochte das bunte Leben am Naschmarkt.

An diesem Tag trotteten Pinsel und Paula eine Weile schweigend nebeneinander her. Als sie das strahlend weiße Gebäude mit der goldenen Kugel am Dach passierten, blieb Pinsel stehen, um die kleinen Schildkröten genau zu begutachten. Sie trugen nämlich die riesig schweren Tonvasen neben dem Eingang auf ihrem Rücken. „Paula", sagte Pinsel. „Meine Eltern ..."

„Könntest du mir kurz zuhören, Kleiner? Ich bin ein bisschen traurig", unterbrach Paula ihn mit ungewöhnlich tiefer Stimme. „He Paula, du sollst mich nicht Kleiner nennen. Ich bin gar nicht so klein, sondern fast mittelgroß! Du weißt, du kannst mir immer alles erzählen, aber warum bist du überhaupt traurig und vor allem: Wieso ist deine Stimme so komisch?", regte sich Pinsel auf. „Du bist ja lustig, Pinsel. Mit mir ist alles in Ordnung, aber ich glaube, du träumst ein bisschen. Ich habe gar nichts gesagt und überhaupt habe ich dich nicht Kleiner genannt. Manchmal geht wirklich deine Phantasie mit dir durch!"

„Das war doch ich, Kleiner!", meldete sich da wieder die Brummstimme und diesmal war sich Pinsel ganz sicher: Er hatte sich überhaupt nichts eingebildet. Aber seltsamerweise kamen die Worte aus dem Hintergrund und die Stimme hörte sich wirklich nicht wie Paulas an. „Wer war das?" Pinsel drehte sich ruckartig um.

„Wer war was?", wollte Paula ahnungslos wissen, so als hätte sie nichts Sonderbares vernommen. „Psst, Paula", flüsterte Pinsel. „Ich höre etwas. Da spricht jemand mit mir." „Wie?", fragte Paula verdutzt. „Hier ist doch weit und breit niemand zu sehen. Spricht vielleicht das Haus mit dir? Du bist echt verrückt, Pinsel." Sie lachte. „Es muss schön sein, so eine liebe Freundin zu haben. Ich hätte auch gern, dass mir jemand zuhört. Und nein, du täuscht dich ganz und gar nicht. Ich bin es: Das Gebäude mit der goldenen Lorbeerkuppel, von den Wienern Krauthappl getauft, aber eigentlich ist mein Name Secession."

Pinsel war für ein paar Sekunden ganz benommen stehen geblieben. Konnte es wirklich sein, dass da ein Gebäude mit ihm sprach? „Was ist los mit dir, Pinsel? Träumst du?", wollte Paula wissen und rüttelte ihn ungeduldig am Arm. „Ich weiß nicht genau. Ich glaube, du hast Recht, Paula. Da spricht wirklich die Secession mit mir."

„Ja, genau." Paula kicherte. Pinsel war selbst auch ein bisschen verwirrt.

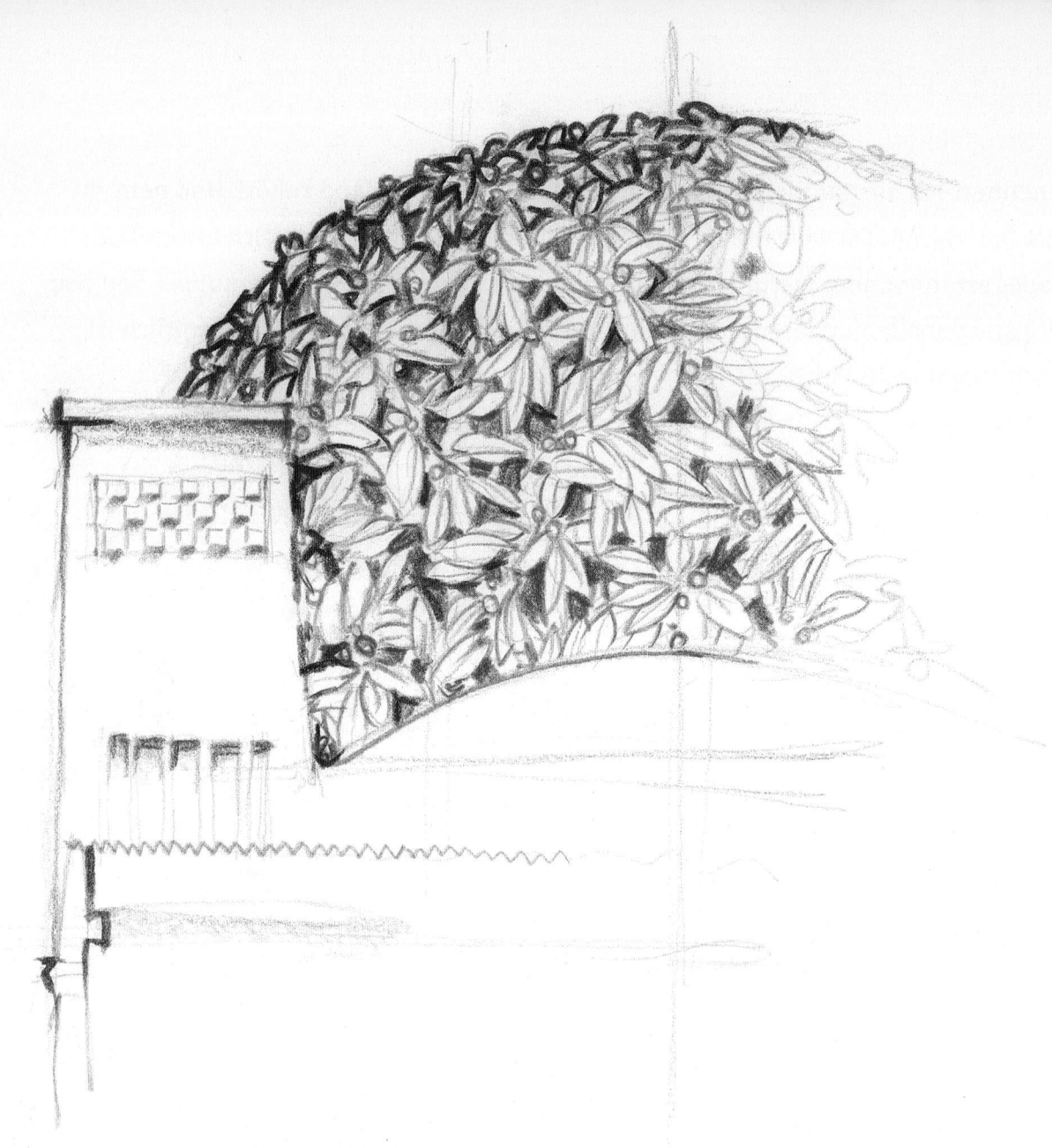

„Du bist einfach phantastisch, Pinsel. Komm, wir gehen." Paula marschierte ein paar Schritte weiter, doch plötzlich kam sie zurückgelaufen. „Woher weißt du überhaupt, dass dieses Bauwerk Secession heißt?" Sie konnte ihre Aufregung nur schlecht verstecken. „Sie hat sich bei mir vorgestellt", erklärte Pinsel knapp. Paula schaute ihn ungläubig an. „Erstens bin ich nicht klein", wandte sich Pinsel an die Secession. „Entschuldige bitte", brummelte sie sogleich. „Weißt du, aus unserer Perspektive sind alle Menschen ziemlich klein. Wie heißt du eigentlich?" „Pinsel", rief Pinsel, furchtbar aufgeregt. „Wieso bist du denn traurig, Secession?", fragte er dann. „Weißt du", grummelte sie, „früher haben junge revolutionäre Künstler meine Hallen belebt, und die Menschen haben mir allein Beachtung geschenkt. Das waren großartige Zeiten. Aber heute gibt es ein neues Haus der Kunst mit einem schicken Café und dorthin zieht es die Leute. Ich kann beim besten Willen nicht verstehen, warum. Diese durchsichtige, kopflose Kiste hat weder Dach noch richtige Wände und entbehrt daher alle Dinge, die ein richtiges Bauwerk besitzen muss. In meinen Augen kann man sie gar nicht als echtes Haus bezeichnen." „Was ist mit dir, altes Haus?", lachte da eine andere Stimme keck und Pinsel zuckte vor Schreck zusammen. Es schien ihm, als würde jetzt noch ein zweites Gebäude, diese Schachtel aus Glas, über die Straße zu ihnen herüberschreien. Ja tatsächlich, sie kreischte: „Der pure Neid spricht aus dir. Du bist nur eifersüchtig, weil ich dir deine geliebten jungen Besucher und Künstler ausspanne. Außerdem bin ich nicht durchsichtig, sondern besitze vielmehr gläsern transparente Wände. Und das hat viele gute Gründe. Erstens sind Glas und Stahl Ausdruck der Moderne, die du wohl verschlafen hast. Zweitens soll meine Kunst bis auf die Straße hinaus auf sich aufmerksam machen, drittens wollen junge Menschen, die mich besuchen, sehen und gesehen werden, und viertens kann ich dir nur sagen, dass ich früher viel größer und gar nicht so durchsichtig war, wenn dich das so stört. Wo ich bei Grund Nummer fünf wäre. Mein Erscheinungsbild ist durch Funktionalität geprägt. Funktionalität ist übrigens das große Wort der Moderne und bedeutet Zweckmäßigkeit. Die Menschen haben mir ein schlichtes neues Gesicht verliehen, weil mein Auf- und Abbau schnell möglich gemacht werden sollte. Da mich aber so viele bewundern, werde ich hier jetzt doch

noch länger stehen bleiben. Von wegen kopflos. Meine Gesichtszüge sind klar definiert und schön. Weißt du, wie man heute deine goldenen Verzierungen bezeichnet? Als Kitsch, du alter Krautkopf!"
„Lorbeerkopf, wenn ich bitten darf. Lorbeeren stehen für Größe und Ruhm", erwiderte die Secession schon ein wenig verunsichert. „Mein Dekor und meine goldene Krone, wie ich sie zu bezeichnen pflege, sind ein Denkmal, eine Anspielung auf die Natur. Meine Erbauer wussten genau, was sie taten! Und außerdem sind meine Lichtdächer genauso aus Glas und Stahl. Als ich gebaut wurde, vor mehr als hundert Jahren, da war das wirklich revolutionär. Pah, Moderne verschlafen! Ich habe die Moderne mitgeprägt. Mein Kopf ist nicht kitschig, sondern einladend repräsentativ und mein Leib ein gelungener Ausstellungsraum!", verteidigte sich die Secession.

Paula hatte sich zwar bemüht, auch etwas zu erlauschen, doch alles, was sie hören konnte, war der Lärm der donnernden Autos. „Eine komische Geschichte ist das", dachte sie. „Was hörst du?", fragte sie dann Pinsel. Sie musste es einfach wissen, denn sonst wäre sie wahrscheinlich vor Neugier geplatzt. Für ein paar Minuten ließ Pinsel die beiden Kunsthäuser alleine weiterstreiten, weil Paula wie immer alles genauestens wissen wollte. Als er sich wieder auf das Gespräch der Gebäude konzentrieren konnte, beendete die Kunstkiste gerade ihre Schimpftirade mit den Worten: „... und so besonders kannst du ja nicht sein, wenn dir die Menschen keinen schöneren Ort zugedacht haben als eine Verkehrsinsel, wo an drei Seiten die Autos vorbeidüsen."

Die Secession versuchte aus lauter Verzweiflung, versöhnlich der Kunsthalle Recht zu geben: „Na ja, ich war für damalige Verhältnisse ziemlich außergewöhnlich und die Menschen mussten sich zuerst an mein Erscheinungsbild gewöhnen." „Ja, sie haben dich sechzig Jahre stehen und verfallen lassen. Hättest du denn nicht auch einen schöneren Platz zugedacht bekommen?", stichelte die Kiste, weil sie die Antwort genau kannte. „Ja, das stimmt", gab die Secession zu. „Ich hätte ursprünglich an der prachtvollen Ringstraße stehen sollen." „Und wieso stehst du dann nicht dort?", bohrte die Kunsthalle weiter. „Wahrscheinlich war ich den Menschen wirklich nicht schön genug." Die Stimme der alten Secession zitterte. „Genauso hört sich meine Stimme an, wenn ich weinen muss", dachte Pinsel bei sich. Und wirklich: Da fielen ein paar kleine Tropfen aus der Dachrinne der Secession auf die Erde. Pinsel tat das Gebäude schrecklich Leid. Er wusste genau, wie sich die Secession fühlte und er wollte und konnte es nicht ertragen, ein so mächtiges Bauwerk weinen zu sehen.

„Du solltest dich schämen", ermahnte Pinsel die freche Kunsthalle, kehrte ihr den Rücken und tröstete die Secession: „Sei nicht traurig, für mich bist du wunderschön und großartig. Beachte die gehässigen Sprüche einfach nicht. Ich weine auch manchmal heimlich, wenn mein Bruder gemein zu mir ist. Weißt du eigentlich, dass man sich gar nicht dafür schämen muss, wenn man weint? Das sagt Paula immer. Es kann sehr erleichternd sein. Weißt du, was ich immer mache, wenn ich furchtbar traurig bin? Ich male. Solange, bis es mir wieder besser geht."

„Du bist also auch ein Künstler?", schniefte die Secession. „Pinsel ist ein kleiner großer Künstler", bekräftigte Paula, obwohl sie natürlich die Frage der Secession gar nicht gehört hatte.

„Ich weiß ja auch nicht, was mit mir los ist. Denn eigentlich bin ich davon überzeugt, dass ich etwas ganz Besonderes bin. Ich trage die wunderbare Kunst meiner Zeit in mir und eigentlich finde ich mein Äußeres auch bemerkenswert. Aber ich ertrage es nicht, dass ich mir die Aufmerksamkeit der Menschen mit diesem fiesen kleinen Kunsthaus teilen muss." Und dann schwieg die Secession und schniefte ein wenig vor sich hin.

Pinsel nützte die Verschnaufpause, um Paula die Situation zu erklären. „Du könntest ja die Secession bemalen, Pinsel, das erregt sicher Aufsehen." „Das ist eine großartige Idee, Paula", rief Pinsel aufgeregt. Auch das große Gebäude gluckste vergnügt in sich hinein. „Ja, eine ganz wunderbare Idee ist das. Der berühmteste Maler meiner jungen Künstlergruppe damals, Gustav, Gustav Klimt – hat auch meine Wände bemalt. Ach, es passt alles so gut zusammen: Meine größten jungen Künstler: Klimt und der Pinsel. Ich weiß nicht, wieso mir das nicht selbst eingefallen ist. Denn ihr könnt ja lesen, was da ganz oben steht: Der Zeit ihre Kunst, der Kunst ihre Freiheit. Und dann steht da noch Ver Sacrum. Das war der Name der Zeitschrift meiner jungen Künstler. Ver Sacrum ist Latein und bedeutet heiliger Frühling, was wiederum für die erwachende Natur und einen ganz neuen Anfang – auch in der Kunst – steht. Aber was rede ich denn da? Leg los, Pinsel, denn es ist höchste Zeit für unsere Wandmalerei."

Schon fischte Pinsel seine geliebte Kreidenschachtel aus der Schultasche und drückte Paula auch ein paar Farben in die Hand. Eigentlich hatte sie ja nur einen Witz gemacht und hatte Bedenken, dass es verboten sein könnte, Bauwerke zu bemalen. „Schau mal, Paula", überredete Pinsel sie, „wenn die Secession selbst damit einverstanden ist, wird doch niemand was dagegen haben. Außerdem kann man die Kreiden abwaschen." Viel mehr als das erste Argument überzeugte Paula das zweite und so begann auch sie zu zeichnen.

„Pflanzen und Tiermotive wären besonders in meinem Sinne", wünschte sich die Secession. „Denn wie ihr sehen könnt, bin ich schon von meinen jungen Künstlern mit Eidechsen, Schildkröten und Eulen, Blättern und sogar Bäumen geschmückt worden. Das ist mein Stil. Jugendstil heißt er. Das kann man sich besonders leicht merken. Ich bin nämlich das Vorzeigegebäude für den damaligen neuen Stil der Jugend. Eben das Haus des Jugendstils." So plauderte die Secession.

Einige Passanten beobachteten die beiden Kinder misstrauisch, während sie die goldenen Naturmotive mit bunten Farben ergänzten, aber niemand sagte etwas. Die Secession erzählte in der Zwischenzeit, dass sie in Wahrheit viel mit der frechen Kunsthalle gemein hatte, denn immerhin dienten sie doch beide demselben Zweck. Der junge Architekt, der die Kunsthalle zum Leben erweckt hatte, war es auch gewesen, der sich dafür eingesetzt hatte, dass die Secession ihr schönes Gesicht zurückbekommen hatte. Ihren ausschweifenden Vortrag musste sie aber immer wieder unterbrechen, weil sie Paula und Pinsel mit ihren Kreiden so kitzelten. Plötzlich stürzte eine gut gekleidete ältere Dame aus der Eingangshalle der Secession und begann panisch zu kreischen. Von dem Gezeter angelockt, bildete sich binnen weniger Sekunden eine riesige Menschentraube auf der Straße. Von überallher, auch aus der Kunsthalle, strömten sie zusammen und schrien durcheinander. Trotzdem vernahm Pinsel, dass die Secession unaufhörlich lachte und dann sprudelte sie vor Freude: „Das ist der schönste Tag seit vielen Jahrzehnten. Siehst du wohl, Kunsthalle, jetzt habe ich die ungeteilte Aufmerksamkeit." Die Kunstkiste war nun richtig neidisch.

„Es war wunderbar mit euch", wisperte die Secession dann den Kindern zu, schon wieder fast den Tränen nahe, vor Rührung. „Ich glaube aber, es ist besser, wenn ihr jetzt ganz schnell verschwindet, denn sonst erwischt euch noch die Dame von der Museumsleitung." Flink packten Pinsel und Paula ihre Sachen und niemand folgte ihnen. „Viel Glück in deinem Künstlerleben, mein lieber Pinsel!", hallte die tiefe Stimme der Secession noch aus der Ferne. „Denkst du, die beiden Kunsthäuser werden sich jemals verstehen?", fragte Pinsel Paula, als sie keuchend die U-Bahnstation erreichten. „Na klar. Immerhin haben sie einige Gemeinsamkeiten und die werden sie entdecken, vielleicht später einmal, wenn die Kunsthalle ein bisschen älter ist", schwindelte Paula für Pinsel, der seine Geschichte so lebhaft erzählt hatte, denn sie glaubte ja eigentlich nicht, dass es so etwas gab wie sprechende Häuser.

„Eine Sache würde mich aber noch viel mehr interessieren", verriet sie. „Was soll eigentlich Ver Sacrum bedeuten? Der Schriftzug ist nämlich außen an der Secession angebracht." „Heiliger Frühling. Das ist Latein", antwortete Pinsel ganz beiläufig. Paula war sprachlos – und das kam wirklich selten vor!

Und als sie zu Hause mühselig das vergilbte Latein-Wörterbuch der Mutter vom obersten Regal geholt hatte, war sie noch viel verblüffter.

Denn es stimmte.

16

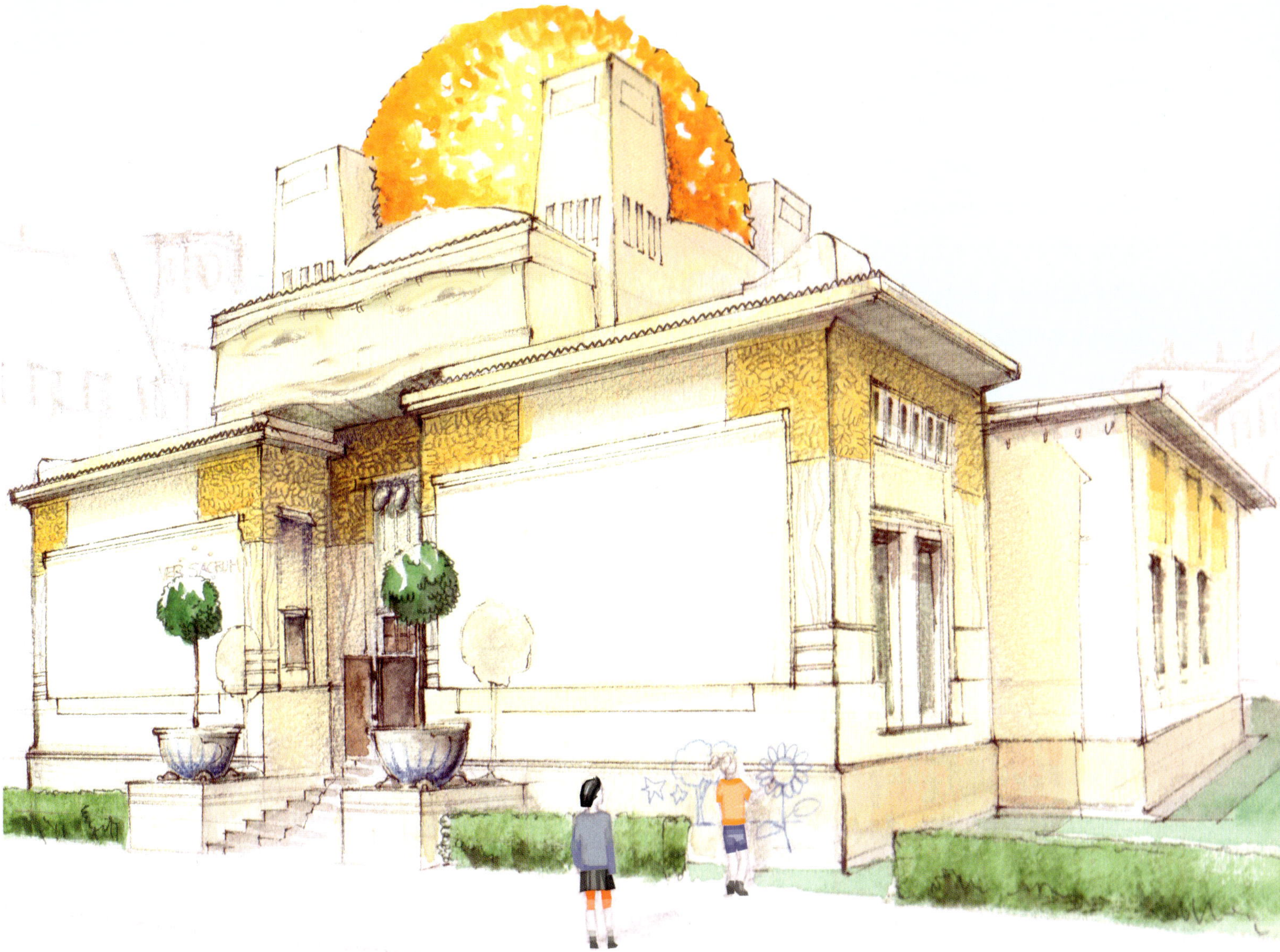

Von der eleganten Hofburg und dem Nackerpatzl

Am Tag darauf liefen Pinsel und Paula gleich nach der Schule zum Heldenplatz, wo es im Frühsommer so herrlich nach Flieder riecht. Sie tapsten mit bloßen Füßen über die frisch gemähte Volksgartenwiese, wo ältere Schüler fast wie eine große Familie zusammensaßen. Sie spielten Frisbee oder sogar Schach, lasen, tranken, aßen und tratschten. Mit krächzender Stimme sang ein braun gebrannter Bub zu seiner Gitarrenmusik und unaufhörlich spielten andere mit einem witzigen, sandgefüllten Ball, der niemals zu Boden fiel. Auch die Hunde dort hatten es gut, denn sie konnten den ganzen Tag ohne Leine miteinander toben. Paula und Pinsel blieben gerne einige Minuten stehen, um sich das Treiben anzusehen, denn es gab immer etwas Neues zu entdecken.

„Weißt du eigentlich, dass dies ein ganz geschichtsträchtiger Platz ist? Es gibt sogar ein bemerkenswertes Gedicht über diesen Ort", fragte Paula forschend, als sie auf dem betonierten Platz zwischen zwei riesigen Reiterstatuen stehen blieben. „Der Dichter heißt Jandl, den hört sich meine Mama so gerne an. Ganz phantastische Wörter verwendet der", verriet sie ohne eine Pause zu machen. Da Pinsel sich nicht besonders für den berühmten Dichter zu interessieren schien, nahm sie ihre Mütze ab und hielt sie ihm wedelnd unter die Nase. „Habe ich selbst gemacht", verkündete sie stolz. „Ich habe sie gestrickt und dann mit allen lustigen Sachen verziert, die zuhause herumgelegen sind. Die ist doch super-extravagant?" Sie lächelte. „Abgesehen davon, dass ich nicht weiß, was super-extravagant heißen soll, kann ich dir nur sagen: Mir gefällt sie nicht besonders", protestierte Pinsel. „Extravagant bedeutet ausgefallen, ungewöhnlich, schrill", erklärte Paula wichtigtuerisch und fiel Pinsel ins Wort. „Lass mich mal ausreden, Paula. Ich verstehe nicht, warum bei dir eben alles so außergewöhnlich sein muss. Du trägst hundert Ketten und Armbänder. Dein zerrissener Parka, den du nicht mal im Sommer zu Hause lassen kannst, ist übersät mit Anstecken. Dann sind da noch deine Schuhe mit den unterschiedlichen Schuhbändern, dazu die knallbunten Strümpfe und jetzt auch noch diese Mütze. Man könnte dich ja fast mit einem Christbaum verwechseln." „Na, na! Warum ist er denn so streng mit seiner Freundin, der junge Mann?", erhob sich da mahnend eine sanfte Stimme.

„Ich finde es sehr schön, wenn die Menschen, vor allem kleine Damen, Wert auf ihr Äußeres legen. Mir scheint, dass die Jugend im Allgemeinen gar nicht mehr auf ihr Erscheinungsbild, auf Schmuck und Dekor bedacht ist."

„Ich höre wieder etwas", flüsterte Pinsel, aber Paula lachte nur. Insgeheim war sie aber noch immer verwirrt, weil Pinsel gewusst hatte, was Ver Sacrum bedeutete.

„Gestatten, ich möchte mich vorstellen", flötete das unbekannte Stimmchen ein wenig herablassend. „Ich bin es, die alte ehrwürdige Hofburg. Das Bauwerk der Regenten, der Kaiser und der

Könige. Ich bin die Residenz der Monarchen, die in edlen Kutschen seinerzeit in meinen Höfen zu den Empfängen vorgefahren sind. Auch heute noch arbeitet der Bundespräsident bei mir. Ich hüte und horte die unendlich wertvollen Bücher der Nationalbibliothek und darüber hinaus beherberge ich die weltberühmten Lipizzaner, sogar Museen und Sammlungen haben ihren Platz in meinen riesigen Zimmern und Trakten.

Ich habe alle Moden der vergangen sieben Jahrhunderte gesehen, mitgemacht und geprägt. Deshalb bin ich mit den prunkvollsten Statuen und Säulen geschmückt. Wer so mächtig und bedeutend ist wie ich, sollte sich nach außen auch dementsprechend zeigen. Wenn man etwas auf sich gibt, ist Schmuck und Dekor ein Muss, denn ein wenig Eitelkeit kann nie schaden", sprudelte die Hofburg in einem Wortschwall selbstverliebt.

„Und dann wurde mir einfach dieser Jungspund vor die Nase gesetzt. Ganz unbekleidet und nackt ist er, Looshaus ist sein Name. Er befindet sich vor einem meiner Tore. Um ganz genau zu sein – vor dem Tor am Michaelerplatz, das am meisten durchwandert wird von den Menschen. Ausgerechnet da haben sie ihn hingestellt. Eine Kränkung und Beleidigung für meine alten Augen ist er. Aber so ist das mit der Jugend. Schamgefühl kennt sie nicht." Pinsel war ganz gefesselt von dem überschwänglichen Vortrag der ehrwürdigen Hofburg. Paula hatte in der Zwischenzeit immer nur im Kreis gedacht, weil sie die Hofburg ja nicht hören konnte. „Pinsel", sie stupste ihn liebvoll an, „gestern habe ich im Lateinbuch …"

„Psst, Paula", flüsterte Pinsel, „die Hofburg spricht. Sie verteidigt dich. Sie ist der Meinung, dass wir Jungen viel zu wenig Wert auf unsere Kleider, auf unser Äußeres geben. Genauso wie irgendein Looshaus vor ihrem Tor. Es ist auch noch recht jung und ziemlich nackig, sagt sie."

„Eure kaiserliche Hochwohlgeboren, Fräulein von Hofburg, oder wie auch immer Ihr werter Name sei. Sie müssen doch zugeben, dass heute viele Menschen nur durch Ihr altes Burgtor gehen, um interessiert und begeistert vor meiner Fassade stehen zu bleiben", vernahm Pinsel plötzlich kaum hörbar. „Jetzt spricht auch noch das Looshaus!", teilte Pinsel ganz aufgeregt Paula mit. „Ich kann es aber fast gar nicht verstehen", fügte er dann hinzu. „Das ist ja logisch", meinte Paula. „Man kann es ja von hier aus auch nicht einmal sehen." Sie nahm ihn bei der Hand und zog ihn mit sich, denn natürlich wusste sie genau, wie man auf kürzestem Weg zum Michaelerplatz gelangen konnte, wo eben das besagte Looshaus stand.

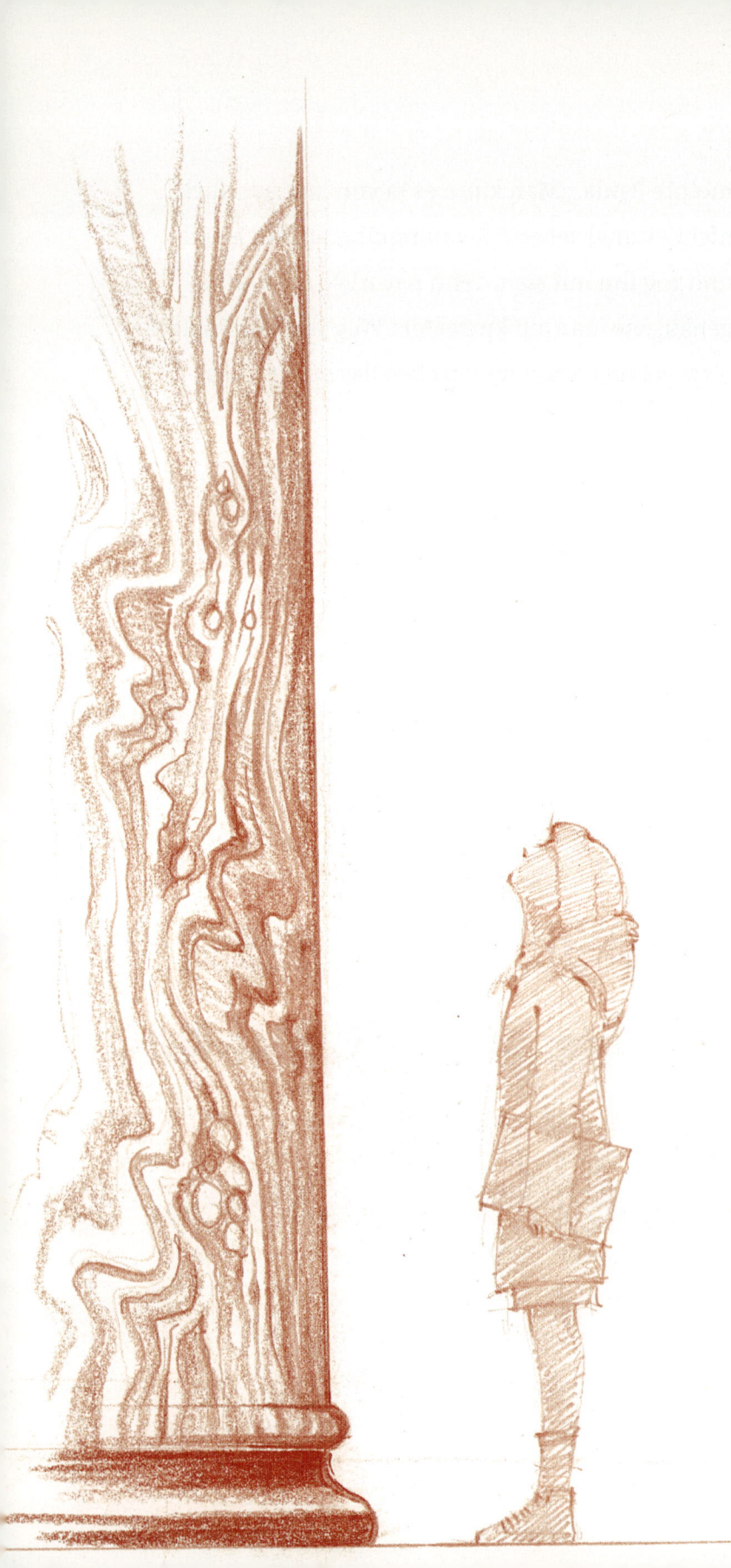

„Warum belästigen Sie eigentlich die Kinder mit ihren Problemchen?", sprach das Looshaus unbeirrt weiter, während Pinsel es mit jedem Schritt besser verstehen konnte. „Wenn Sie etwas zu sagen haben, dann machen Sie das bitte persönlich. Unsere Fassaden stehen sich jetzt schon so lange gegenüber und Sie haben es nie der Mühe wert gefunden, ein einziges Wort mit mir zu wechseln."
„Fassade, Fassade", kreischte da die alte Hofburg. „Genau darum geht es ja. Seit mir seine einfallslose, weiße Fassade, sein fades Gesicht, vor die Nase gestellt wurde, hat es mir schlicht und einfach die Sprache verschlagen. Die ganze Stadt war in Aufruhr wegen seines glanzlosen Aussehens. Sie waren sich alle einig, die Bürger und die Mitglieder des Stadtbauamts, dass seine Fassade unter gar keinen Umständen meinem prunkvollen Erscheinungsbild gegenübergestellt werden darf. Sie haben lange Zeit darauf bestanden, seine fade Fassade neu zu gestalten."

„Ich empfinde meine Fassade als äußerst beschaulich, obwohl auch meine Steinsäulen, meine Marmorsäulen, um genau zu sein, so wie Ihre, Verehrte, die Fassade nicht tragen können. Sie repräsentieren die Geschäftsräume.

Mein Wohnbereich in den höher gelegenen Stockwerken, das gebe ich gerne zu, ist etwas dezenter. Aber welcher Mensch läuft schon immerfort mit dem Blick nach oben gerichtet durch die Stadt?"

„Ordinär ist sie, seine Fassade", bemerkte die Hofburg spitzfindig. „Als Kriegserklärung an die Wiener Kunst wurde seine Fassade empfunden, als ein Stoß mitten in ihr Herz."

„Ein freches Gebäude bleibe ich doch, kaiserliche Hofburg, das will ich gar nicht leugnen. Ein Revolutionär bin ich, doch gleichzeitig zurückhaltend. Ungehörig zurückhaltend, möchten die Menschen gedacht haben, die keinen Sinn hatten für große neue Ideen. Aber die Vordenker hatte ich schon immer auf meiner Seite. Ich wurde auch in einer anderen Zeit geboren als Sie, Verehrte, das dürfen Sie nicht vergessen, und wurde für zwei Schneider gebaut. Das Haus eines Schneiders darf doch nicht so aussehen wie das des Kaisers? Da müssen wohl auch Sie mir Recht geben."

„An Geld hat es ja wohl nicht gemangelt. Aber der Überfluss an Marmor im Untergeschoß und die kahle Wand im Obergeschoß passen so gar nicht zu meiner ruhigen Vornehmheit", kritisierte die alte Hofburg.

„Wenn Sie doch hinter meine Fassade sehen könnten, Verehrte, dann würden Sie wissen, dass die Gestaltung meiner Geschäftsräume zukunftsweisend war und meine Wohnräume sich den Bedürfnissen der Benutzer anpassen. Ich bin ein menschenverwandtes Gebäude, was Sie wohl nicht von sich behaupten können."

„Darf ich mal etwas sagen", mischte sich Pinsel in die angeregte Diskussion ein. „Ich würde euch bitten, euer Gespräch zu unterbrechen, denn Paula, das ist meine Freundin hier, sie kann euch gar nicht hören und ich würde ihr gerne erklären, was ihr so erzählt. Wisst ihr, wir beide sind auch ganz verschieden, wie ihr sehen könnt. Sie trägt all diese Kinkerlitzchen und ist ziemlich groß, aber das macht ja gar nichts. Das ist sogar gut."

Paula war die ganze Zeit schweigend und nachdenklich neben Pinsel dahingetrottet. „Gegensätze ziehen sich an, das war schon immer so", bemerkte sie kurz. Sie hatte viele solcher Sprüche auf Lager und obwohl Pinsel wusste, dass sie ihm kein Wort glaubte, berichtete er ihr alles begeistert. Die beiden hatten mittlerweile den Vorplatz des Looshauses erreicht. Misstrauisch musterte Paula ihren erfinderischen Freund, während dieser umständlich und mit einigen Ausschmückungen erzählte. Als Pinsel aber seine Geschichte beendete, hatte die kluge Paula wie immer eine ganz besondere Idee. „Ich glaube, ich weiß, was das Problem der Häuser ist." Sie machte eine bedeutungsvolle Pause. „Die Fassade, also das äußerliche Erscheinungsbild des anderen, sagt manchmal schon viel aus. Man muss aber vorsichtig sein, damit man sich kein voreiliges Urteil bildet. Es gibt ein Sprichwort, das besagt: Wahre Schätze und Werte liegen im Inneren verborgen. Wenn du willst, Pinsel, könnten wir ja die Räumlichkeiten der beiden Häuser ganz genau unter die Lupe nehmen und dann bilden wir uns unsere eigene Meinung. Denn leider wird ja das Looshaus selbst schwer das Innere der Hofburg besuchen können und umgekehrt." Sie lachte bei dem komischen Gedanken, dass ein Haus ein anderes besuchen gehen könnte. Vielleicht hatte sich der phantastische Pinsel die Geschichten extra ausgedacht, um Paulas Wissen auf die Probe zu stellen. Aber so leicht würde sie es ihm nicht machen. Sie würde sich informieren und alles ganz genau nachlesen. Aber den Nachmittag in dem interessanten, alten Gebäude zu verbringen klang abenteuerlich, und wie wir wissen, mochte Paula verrückte Dinge.

„Seine Freundin hat Recht", gab die alte Hofburg zu. Sie mochte Paula, das hatte Pinsel gleich be-

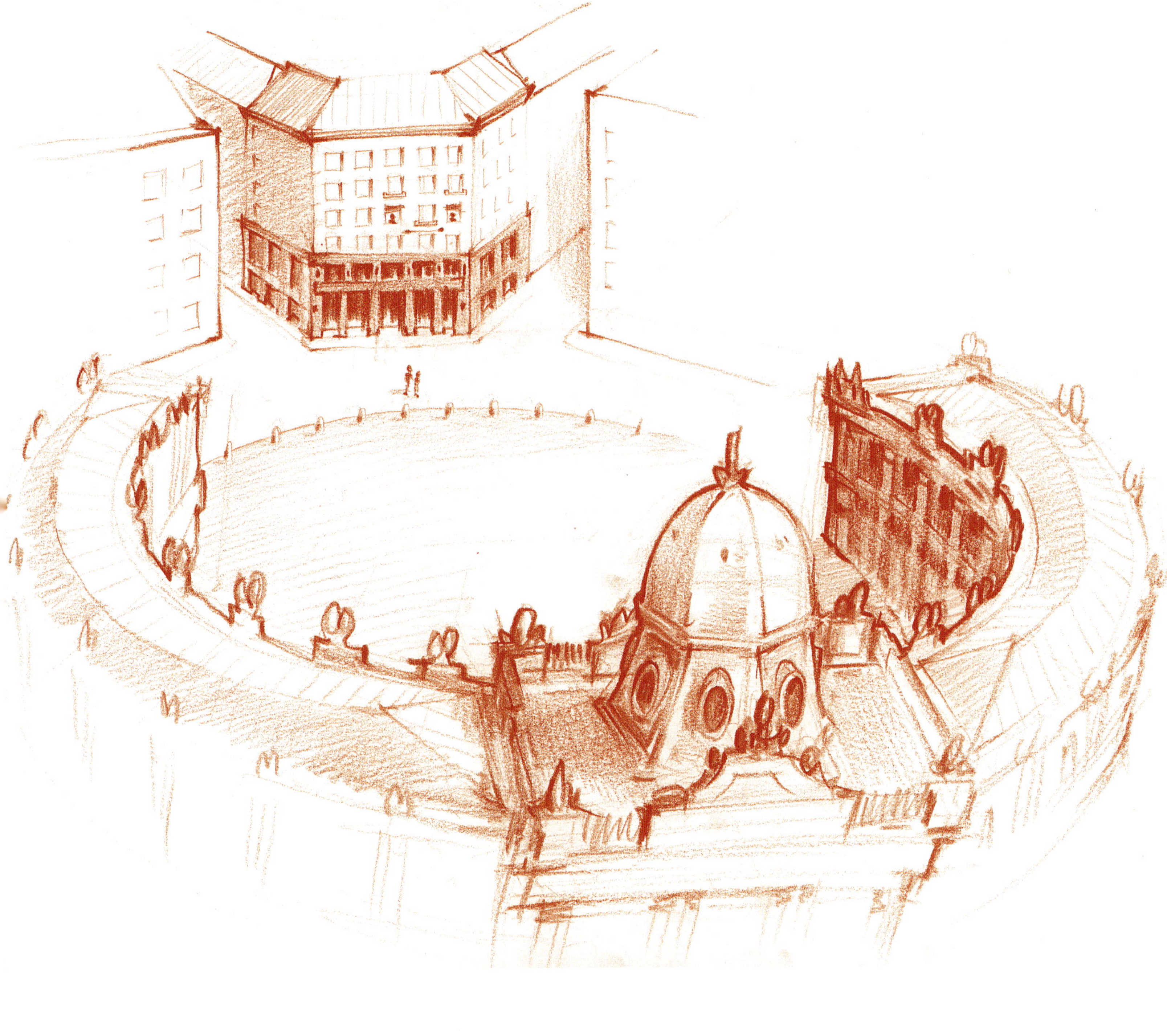

merkt. „Paula, kannst du mir sagen, wieso die Hofburg so merkwürdig spricht? Sie redet mich nicht mit Du, sondern mit Er an." „Klar weiß ich das." Paulas Augen funkelten. „Das ist eine ganz alte Form zu sprechen und war damals bei Hofe so üblich." Sie konnte wirklich jede Frage beantworten, die Paula. Klarerweise steuerte das Bücherwürmchen Paula nun zielstrebig auf die Nationalbibliothek in der Hofburg zu.

„Meinst du, dass es hier versteckte Räume gibt, wo ganz geheime Schriften sind?", fragte Paula halblaut, als sie an den langen Wänden, die bis unter die Decke mit tausenden uralten Büchern gefüllt waren, entlang streiften. Und genau in diesem Moment flog eine unscheinbare Türe auf, wie von Geisterhand geöffnet.
Als sie eintraten, tastete Pinsel nach Paulas Hand, denn er fürchtete sich ein bisschen im Dunklen. Nach einiger Zeit hatten sich ihre Augen an das schummrige Licht gewöhnt und sie konnten die Umrisse der verstaubten Bücher erkennen. „Vielleicht gibt es hier ja sogar ein Buch über die Hofburg selbst. Weißt du, ich würde gern mehr über die Häuser erfahren, die mit dir sprechen." Es rumpelte und genau vor Paulas Füßen fiel ein Buch zu Boden. „Geliehen", säuselte die Hofburg. In der Dunkelheit empfand Pinsel die Stimme der Hofburg ein klein wenig gruselig. „Ich glaube, das ist für dich, Paula, geliehen! Können wir jetzt endlich gehen?" Auch Paula hatte es richtig die Sprache verschlagen. Pinsels Geschichten waren die eine Sache. Aber Türen, die sich von selbst öffneten und Bücher, die einfach so zu Boden fielen, das war schon etwas unheimlich.
Natürlich hatte die Hofburg noch viel mehr zu bieten. Ausführlich besichtigten Paula und Pinsel die großen Ballsäle, die Gemächer der Kaiser und auch

die Hofreitschule mit den wunderschönen weißen Pferden. Alles glänzte und strahlte vergoldet.

Zurück auf dem Michaelerplatz betrachtete Pinsel lange die gewaltigen runden Marmorsäulen des Looshauses. Die Eingangstüren waren leider versperrt. Während Pinsel verzweifelt daran rüttelte, beschloss Paula, bei einem nahe liegenden Würstelstand eine Kleinigkeit zu essen zu besorgen. Als sie zurückkam, wartete Pinsel in der Eingangshalle des Looshauses. Die Türen standen sperrangelweit offen. Es war gespenstisch, aber Paula beschloss nicht weiter darüber nachzudenken. Vom Erdgeschoß führte eine breite Stiege nach oben. Sanft strich Pinsel mit den Fingern über die Oberfläche des dunkelrot glänzenden Mahagoniholzes. So wie das wunderschöne Muster der Marmorsäulen sah die Maserung des Holzes aus, als wäre es gemalt worden. Das begeisterte Pinsel klarerweise ganz besonders.

Im oberen Stock konnte er sich gar nicht mehr von seinem Platz am Fenster losreißen, wo durch die quadratischen Glasbausteinchen das gelbliche Abendlicht fiel.

Er staunte so sehr, dass er gar nicht bemerkte, wie die Zeit verflog. Als Paula und Pinsel aus dem Portal des Looshauses auf den menschenleeren Vorplatz hinaustraten, war die Sonne untergegangen und es dämmerte bereits.

„Unterschiedlich seid ihr ganz bestimmt", verkündete Pinsel laut und seine Stimme hallte von allen Wänden zurück. „Aber beide habt ihr ein ganz einzigartig schönes Inneres. Mir gefallen der grüne Marmor, das dunkle Holz und die unterschiedlich hohen Räume im Looshaus ganz besonders." „Ja und ich, ich liebe die Hofburg, weil es dort so viele Bücher gibt und Säulchen und Statuen und tausend vergoldete Kronleuchter. Der Schnickschnack ist einfach königlich. So ist das eben. Über Geschmack lässt sich nicht streiten", schloss Paula. Sie sprach natürlich eher mit Pinsel, aber sie war mittlerweile auch nicht mehr ganz sicher.

„Welch weise Worte aus einem so jungen Mund", säuselte die Hofburg. „Weiß er eigentlich, dass auch ich harte Zeiten erlebt habe? Kriege und Belagerungen. Damals war ich wohl nackter als er und fühlte mich gedemütigt, weil ich beschossen wurde und völlig verdreckt war. Außerdem war ich zu diesen Zeiten fast so klein wie er heute", wandte sich die Hofburg an das Looshaus. „Ist das wirklich so?", wunderte sich das Looshaus.

„Kaiserliche Hofburg", unterbrach Pinsel. „Eine Sache wäre mir noch wichtig, bevor wir gehen", und dann stellte er sich ganz nahe zur Wand neben dem reich geschmückten Burgtor und flüsterte, sodass nur die Hofburg ihn hören konnte: „Du solltest das Looshaus duzen. Die Zeiten des Kaisers sind vorbei. Weißt du, das macht man heute so. Biete ihm doch das Du an, das Looshaus freut sich sicher." „Ich denke, ich bin zu alt um noch zu lernen, aber vielleicht könnte ich einen Versuch wagen", willigte die Hofburg gönnerhaft ein: „Er darf mich duzen." Dann räusperte sie sich und versuchte es ein zweites Mal: „Du darfst mich duzen, Looshaus, denn vielleicht kannst du mir auf meine alten Tage ja noch etwas beibringen." Na, das ging ja.

Es war spät geworden. Als Paula und Pinsel durch das feuchte Gras nach Hause spazierten, hörte Pinsel aus der Ferne die Stimme des Looshauses: „Dann erzählst du mir heute Geschichten von der

Belagerung und morgen erzähle ich mehr über meine Fassade." Und dann verschluckte die Nacht wohl die Stimme des Looshauses, denn Pinsel hörte nichts mehr.

„Das war ein aufregender Tag heute. Vor allem diese Sache mit den Türen und dem Buch", bemerkte Paula, als sie fast bei der Straßenbahnstation angekommen waren.

„Und", Pinsel sah sie fragend an, „glaubst du mir jetzt?"

Sie war nicht sicher. Und als Paula erschöpft ins Bett sank, konnte sie lange nicht einschlafen, denn es ließ ihr keine Ruhe. Es war nicht möglich und total verrückt, dachte sie immer wieder. Aber vielleicht, vielleicht ... und dann dachte sie nicht mehr, denn sie war eingeschlafen.

Vom Steffl und seinem entfernten Verwandten

Pinsel und Paula saßen nebeneinander auf den grauen Steinblöcken in der Fußgängerzone. Paula las ganz eifrig in dem Buch, das ihr die Hofburg geliehen hatte. Nebenbei kritzelte sie Notizen auf die hinterste Seite ihres Schulhefts mit dem grünen Punkt. Sie wollte nicht gestört werden, wenn sie sich furchtbar konzentrierte, und dass sie sich konzentrierte, konnte Pinsel gut erkennen, weil sich zwischen ihren Augenbrauen drei Fältchen gebildet hatten.

Eigentlich hätten sie ja in den Prater gehen sollen, denn Paula hatte Pinsel schon lange eine Fahrt mit dem Riesenrad versprochen. Er hatte sich sehr darauf gefreut, denn es gefiel ihm, die Dinge zu überblicken. Die Häuser, die Straßen, die Autos, die Menschen – von oben betrachtet sah alles immer ganz winzig aus und gleichzeitig konnte man die Stadt in ihrer gesamten Größe erkennen. Und von wo aus konnte man die Welt besser von oben betrachten als im Riesenrad?

Der Ausflug musste also auf einen anderen Tag verschoben werden, denn Paula wollte lesen. Und so saß Pinsel schweigend neben ihr und dachte nach. Zuerst dachte er eine Weile an seine Mama und seinen Papa, all die Schwierigkeiten und ihre möglichen Folgen. Dann schob er die beschwerenden Gedanken beiseite und seine Aufmerksamkeit fiel auf die Metallleiste, die neben dem Portal des Stephansdoms aus der Wand heraustrat. Um genau zu sein, war es eine Metallelle. Eine Elle, das war eine Maßeinheit, früher, genauso lang wie ein Unterarm. Damals, wenn die Leute zum Beispiel ein Stück Stoff gekauft hatten, konnten sie an dieser Elle nachmessen, ob sie auch wirklich für ihr Geld genügend Stoff bekommen hatten. Pinsel hatte das in der Schule gelernt.

Durch das riesige Portal des Stephansdoms drängten sich unzählige Menschen. Pinsel vermutete, dass die meisten Touristen waren, denn mindestens jeder Zweite war mit einem kleinen Fotoapparat ausgestattet. Es war schon seltsam, dass sie alle von so weit her kamen, um diese alte Kirche zu sehen.

Denn sahen nicht alle Kirchen genau gleich aus? Oder war Pinsel einfach nur immer achtlos am großen Stephansdom vorübergegangen, ohne ihm richtig Aufmerksamkeit zu schenken? So betrachtete er ihn einige Minuten eingehend. Sicher war der Dom anderen Kirchen ähnlich. Er hatte einen Kirchturm und er sah sehr alt aus, aber …

Ja, und dann entdeckte Pinsel etwas: Die kürzere Seite des Doms, wo sich die Touristen durch den Haupteingang schoben, sah ganz anders aus als die längere Seite, wo sich der riesige Turm erhob. Die kürzere Seite wirkte sehr stark, weil sie, abgesehen vom Portal, nur wenige kleine Öffnungen besaß. Die Turmseite dagegen hatte viele Fenster und unzählige Verzierungen. Mit dieser Entdeckung eilte Pinsel zu Paula.

„Schau mal, Paula!", rief er in freudiger Erregung. „Hast du schon jemals bemerkt, dass die zwei Fassadenseiten des Doms ganz verschieden aussehen?"

Paula schaute auf und blinzelte, weil ihr die Sonne ins Gesicht schien.

„Wahrscheinlich liegt es daran, dass die beiden Teile aus ganz verschiedenen Zeiten stammen", sagte sie mit der Überzeugtheit, die nur sie hatte. Natürlich war es nur eine Vermutung. Aber wie wir wissen, lag Paula mit ihren Vermutungen meistens richtig.

„Ich sehe alles, denn ich beobachte von der höchsten Stelle aus. Ich bin das Gebäude, das dem Himmel am nächsten ist. Darum bin ich allwissend. Pinsel heißt du, nicht wahr?" Pinsel nickte und wunderte sich. Der Stephansdom war wirklich sehr erhaben, aber es war schon merkwürdig, dass er wirklich über alles so gut Bescheid wusste. Pinsel ließ Paula auf den Steinblöcken sitzen, öffnete die schwere Türe und trat in den Dom ein.
„Du hast eine Gabe, Pinsel. Manche würden vielleicht sogar sagen, eine übermenschliche Gabe. Ich glaube aber, dass sie eher aus deiner Fähigkeit herrührt, Dinge zu beobachten. Die meisten Menschen hinterfragen alltägliche Dinge nicht, sie nehmen sie hin, so wie sie sind, vorausgesetzt, sie bemerken sie überhaupt noch. Das ist der Grund, wieso vor allem die größeren Menschen vergessen haben, die Formensprache der Häuser zu verstehen."
Die Bassstimme des Doms war wirklich mächtig und in den endlos hohen Hallen wurde sie noch lauter. Aber Pinsel fühle sich nicht unwohl. Langsam schritt er durch den Mittelgang zwischen den unzähligen Holzbänken. Die Touristen verschwanden, alles rundherum verschwamm, denn Pinsel lauschte der Stimme, während sich das fahle farbige Licht an den massiven grauen Wänden wider-

„Wenn das nicht das Kind ist, das uns Häuser sprechen hören kann. Ja, ja, ich habe dich beobachtet." Pinsel fuhr herum. Das war wohl die tiefste und gewaltigste Stimme, die er in seinem ganzen Leben gehört hatte, und ihm war sofort klar, dass sie nur einem gehören konnte: dem Stephansdom. Verschreckt hob Pinsel den Kopf und richtete die Augen gegen den Himmel.
„Woher weißt du, dass ich euch Häuser sprechen hören kann?"

spiegelte. Es gab nur mehr ihn und den Dom.
„Obwohl ich nur der zweitälteste Sakralbau, also der zweitälteste kirchliche Bau, in der Gegend bin", brummte der Dom ruhig weiter, „bleibe ich trotzdem das allerhöchste Bauwerk innerhalb der Ringstraße, ja sogar des Gürtels. Seit achthundert Jahren verwandelt sich die Stadt, sie wächst und entwickelt sich. Katastrophen und Blütezeiten sind vorbeigezogen, und ich habe allem mit Ruhe und Gelassenheit entgegengesehen, bin darüber gestanden, denn immerhin ist es meine Aufgabe, den Menschen Trost zu spenden.

In diesem Haus soll Stille herrschen, deshalb spreche ich normalerweise nicht. Es gibt andere Arten sich zu verständigen."

„Ich habe zwar entdeckt, dass es draußen ein paar Unterschiede an deiner Fassade gibt, aber irgendwie schauen doch alle Kirchen sehr ähnlich aus. Warum ist das so?", wollte Pinsel wissen.

„Das kommt daher, dass der Grundriss älterer Kirchen meist die Form eines Kreuzes nachempfindet."

„Was soll denn bitte ein Grundriss sein?", wunderte sich Pinsel. „Das kannst du dir ungefähr so vorstellen, als würdest du von oben auf den Boden und die Wände eines Gebäudes herunterschauen", erklärte der Dom geduldig.

„Wenn du dir dieses Kreuz also in Gedanken ansiehst, dann gibt es ja einen längeren und einen kürzeren Teil, die sich queren. Bei einer Kirche ist am einen Ende des längeren Teils meistens der Eingang und ein Gang führt zum anderen Ende, wo der Altar ist. In der Sprache der Architektur nennt man den längeren Teil dieses Kirchenkreuzes Hauptschiff und den kürzeren Querschiff."

„Das ist aber kompliziert", maulte Pinsel. „Was haben denn diese kreuzartigen Kirchengänge schon wieder mit einem Schiff zu tun?"
„Den Namen Schiff tragen die Gänge, weil die Bögen oder Gewölbe an der Decke eine bauchige Form haben, fast so wie ein Schiff."

Da betrat auch Paula den Dom. Wahrscheinlich war es draußen ohne Pinsel doch nicht so lustig gewesen.
„Paula, du hast mir versprochen, dass wir heute mit dem Riesenrad fahren", jammerte Pinsel. „Du weißt doch, wie lange ich mich schon darauf gefreut habe, alles von oben zu sehen." Und da lachte der Dom schallend. „Das Riesenrad ist gar nicht so riesig. 60 Meter ist es hoch. Richtig erhaben bin nur ich. Mit meinem Südturm, der 137 Meter in den Himmel ragt, kann ich die Stadt viel weiter überblicken. Es gibt hier sogar eine Treppe, eine Wendeltreppe, die in den Himmel führt."

Pinsel und Paula hatten das Portal zum Himmel schnell gefunden. Und so tripsten und trapsten sie 343 Stufen der Sonne entgegen, deren Strahlen immer wieder durch die kleinen Öffnungen im Stein blitzten. Der höchste Punkt der Inneren Stadt entpuppte sich als ein kleiner Raum, in dem die Luft stand. Es war staubig, trocken und heiß. Pinsel stellte sich auf die Zehenspitzen und öffnete das quietschende Fenster. Von draußen wehte den beiden ein angenehmer Wind ins Gesicht, der in der Stadt allgegenwärtig ist.
Sie schauten lange hinunter auf die anderen Häuser, die Menschen und die Fiaker. Der Himmel war wolkenlos und die Luft klar. So konnten Pinsel und Paula bis hin zu den Hügeln sehen, zu den Vorboten der Berge.

„Da!", schrie Pinsel voll Freude und zeigte in Richtung des Flusses. „Da ist das Riesenrad. Es sieht ja richtig winzig aus von hier. Außerdem hat der Dom Recht, wir sind hier wirklich dem Himmel viel näher als das Riesenrad. Sogar der Turm dort drüben, links vom Riesenrad, dieser rotweiße Spitz, sogar der sieht größer aus als das Riesenrad. Siehst du ihn, Paula? Meinst du, er ist größer?"
„Höher ist er ganz gewiss, der Messeturm. Nicht so hoch wie ich, das versteht sich, aber höher als das Riesenrad. Türme sind Symbole, Pinsel", meldete sich da der Stephansdom.
„Was ist ein Symbol?", wollte Pinsel neugierig wissen. „Symbole sind Zeichen. Türme sollen weithin sichtbar sein, und der, der sie besteigt, soll bis in die Ferne sehen können. Ein Kirchturm steht meistens in der Mitte einer Stadt oder eines Ortes. Auch der Messeturm bildet das Zentrum des Geländes und unsere Türme sind beide Zeichen unserer Religion."
Paula hatte das rotweiß gestreifte Spitztürmchen beobachtet. „Weißt du, was seltsam ist, Pinsel? Dieser Turm da drüben neben dem Riesenrad schaut genauso aus wie ein Kirchturm, aber er besteht nur aus Stangen. Außerdem ist seine Spitze gestreift. Glaubst du wirklich, das ist eine Kirche?"
Wenn Türme Zeichen einer Religion waren, musste wohl der Messeturm auch eine Kirche sein. Außerdem hieß der rotweiße Spitz in der Ferne Messeturm und Messen gab es in jeder Kirche, das wusste Pinsel.

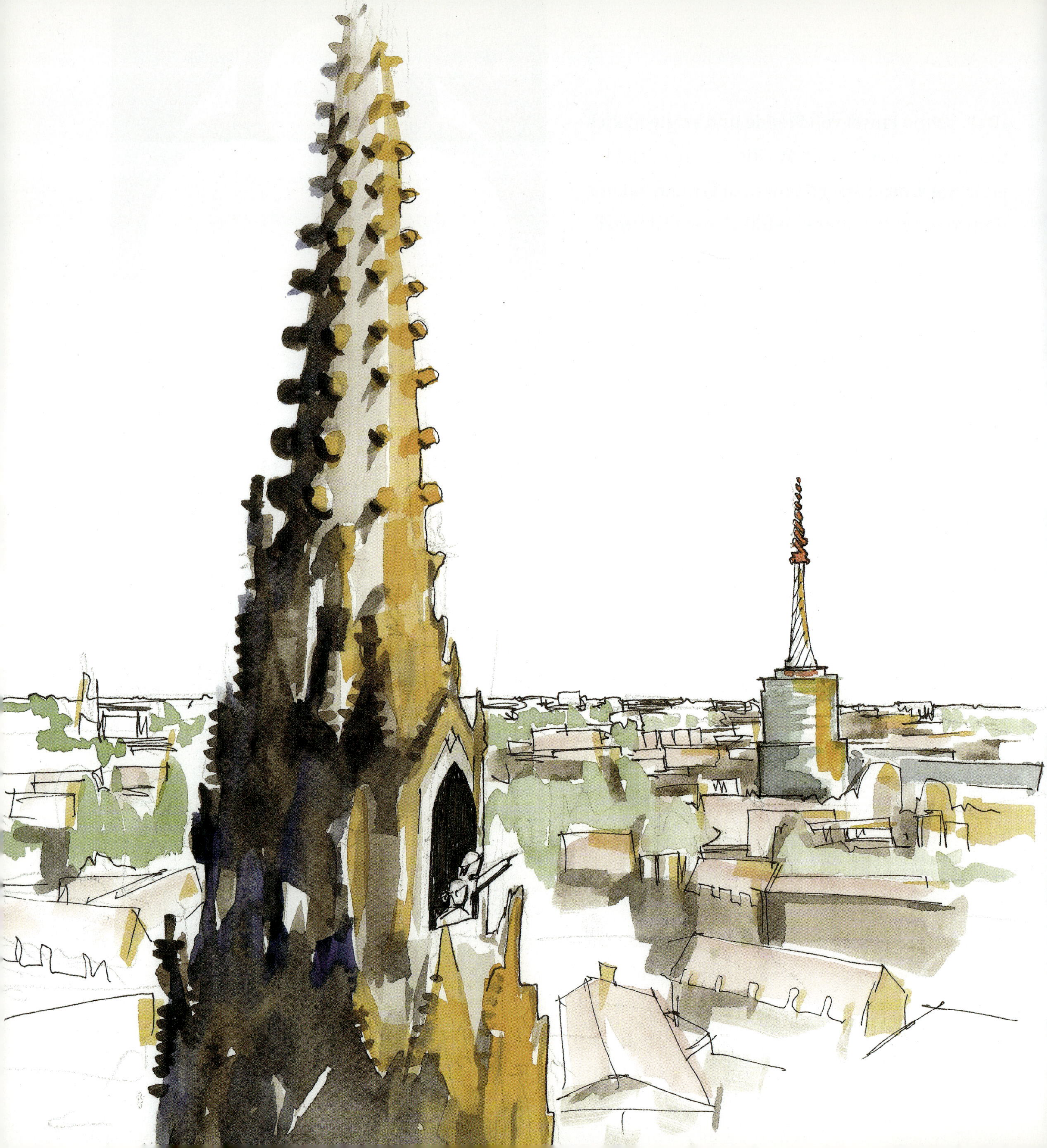

„Also ist der Messeturm auch eine Kirche, ja?", stellte Pinsel voreilig fest. „Nein, Pinsel. Der Messeturm ist keine Kirche. Eine Messe im weltlichen Sinn ist eine Veranstaltung, bei der viele Menschen zusammenkommen. Bei solchen Messen geht es darum, Wissen und Information auszutauschen oder Geld zu verdienen.
Eine Messe, wie sie bei mir abgehalten wird, ist auch eine Zusammenkunft von vielen Menschen, aber bei einer kirchlichen Messe spielt Geld gar keine Rolle. Während einer Messe sollen sich die Menschen besinnen, sie können nachdenken, singen und beten."
„Also hat die Messe im Messeturm gar nichts mit deiner Messe zu tun?"
„Nicht unbedingt", erklärte der Dom weiter, „aber man könnte vielleicht sagen, dass eine Messe im weltlichen wie im geistlichen Sinne Festlichkeiten sind. Zwar werden die eigentlich religiösen Feiern nur in Kirchen abgehalten, aber heutzutage ist doch das Geld schon fast zur Ersatzreligion mancher Menschen geworden. Mir macht das aber nichts, denn wie ihr sehen könnt, kommen tausende Menschen hierher, zu mir, um einer katholischen Messe beizuwohnen. Es macht mich glücklich, wenn so viel Lebendigkeit meine Hallen erfüllt.

Wisst ihr, es gibt viele verschiedene Religionen, jeder Mensch glaubt an etwas anderes und jeder Mensch muss seinen eigenen Glauben finden dürfen."
Natürlich erzählte Pinsel Paula alles über den Messeturm, der keine Kirche war, und auch über Türme, die in einer Stadtlandschaft Symbole darstellen.
„Soll ich dir ein Geheimnis verraten?", flüsterte der Stephansdom, und Pinsel spitzte die Ohren. „Ich habe dir ja erzählt, dass ich selten mit den anderen Gebäuden in Verbindung trete, weil ich die Dinge lieber beobachte. Nun ist es aber so, dass ich mich mit dem kleinen Messeturm verbunden fühle, auf eine seltsame Art und Weise. Er ist so anders und doch sind wir uns ähnlich." „Das verstehe ich gut", sagte Pinsel, „aber sprechen kannst du mit ihm wohl nicht, denn er ist doch viel zu weit weg." „Genau das ist es", bestätigte der Dom. „Aber es gibt eine gewisse Nähe zwischen uns, gerade wegen unsrer Entfernung. Denn immer, wenn die Sonne untergeht, dann blitzt das Gestänge des Messeturms im Abendlicht und es ist so, als würde er sagen: Gute Nacht, Steffl. Ich mag vielleicht erhaben über die Stadt sein, aber auch ich finde in ihm einen entfernten Verwandten."
Ein Weilchen blieben Pinsel und Paula noch am Fenster stehen und ließen sich die Sonne ins Ge-

die endlos lange Treppe wieder hinunterstiegen. Draußen schob sich plötzlich eine dicke schwarze Wolke vor die Sonne, die den Platz für einige Momente in Dunkelheit tauchte.

Pinsel musterte die unheimlichen Fabelwesen über dem Portal des Doms noch einmal eingehend. Wenn Häuser sprechen konnten, überlegte Pinsel, vielleicht waren dann auch sie lebendig. Und wie er so einen der Drachen beobachtete, drehte der den Kopf und stellte seine Stacheln auf. Plötzlich bewegte sich die ganze Fassade des Doms. Die Wölfe, die Löwen, die Hunde, die Drachen, die alten Frauen und Männer, sie alle reckten die Hälse, ihre Hände griffen in die Luft, die unförmigen Körper zitterten, ja sie schrien wild und gellend durcheinander.

Pinsel vergrub, von dem grausigen Spektakel gelähmt, seine Finger in Paulas Arm. „Schluss damit!", herrschte da der Dom wie ein Donnerschlag auf sie herunter. „Seht ihr nicht, dass ihr ihm Angst macht! Benehmt euch!", und da hörten die Figuren auf zu kreischen. „Auf Wiedersehen", sagte die eine, und „Gut Nacht" die andere. „Tut uns Leid", sagte eine dritte artig. Und dann war er still. Sie waren wieder zu Stein erstarrt. So als wäre es nie gewesen.

sicht scheinen. Unten querte ein Radfahrer den Stephansplatz, die Tauben stoben auseinander und stiegen sanft in den Himmel auf. Pinsel dachte darüber nach, wie merkwürdig und schön es war, dass sogar der riesige Dom einen entfernten Verwandten brauchte und gefunden hatte, bis sie

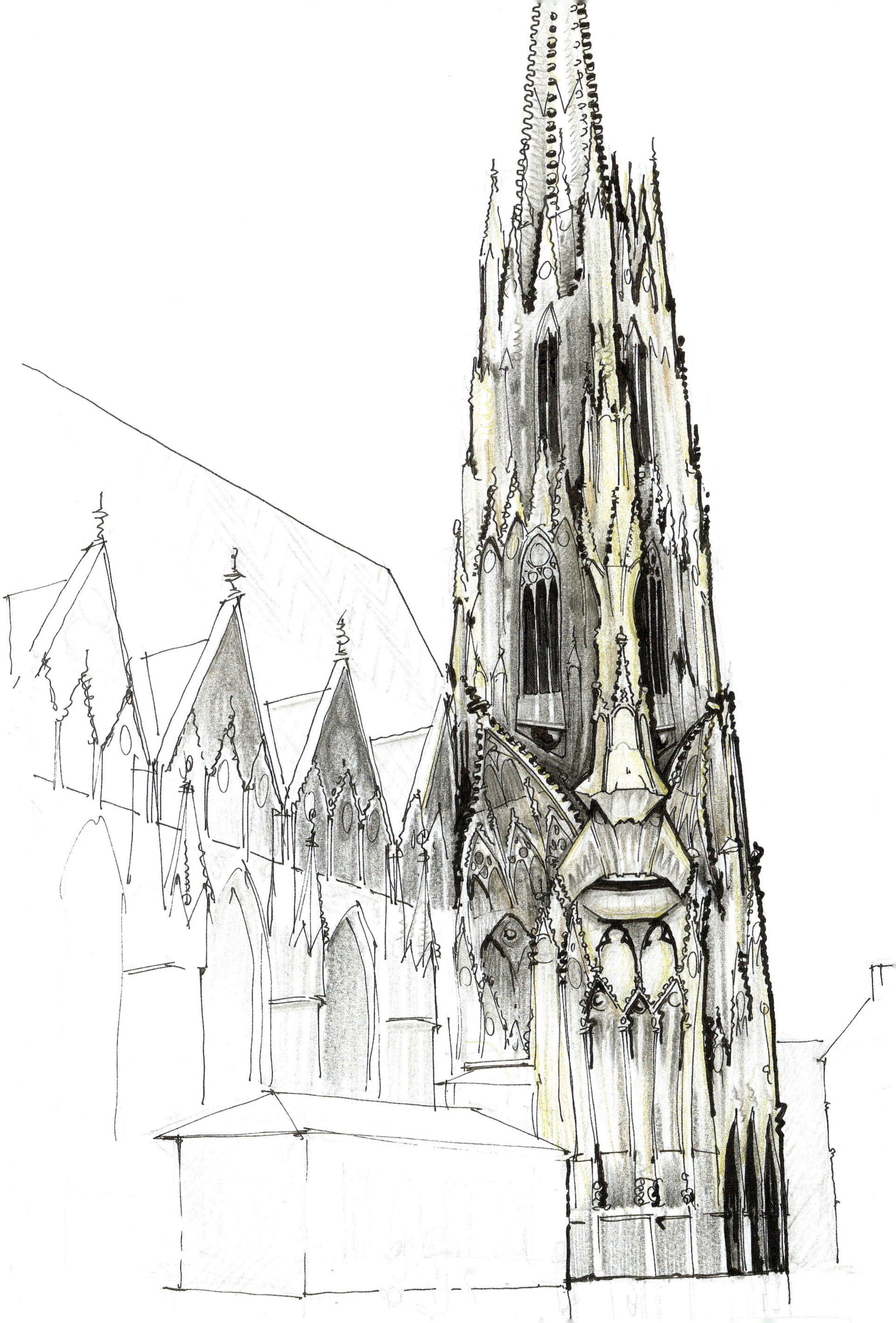

Vom großen Karl-Marx-Hof, von der Müllverbrennungsanlage und vom Träumeland

Der erste richtig heiße Tag im Jahr sollte es werden. Pinsel und Paula waren mit den Fahrrädern zur Schule gefahren, denn später, am Nachmittag, wollten sie bis zur Alten Donau, um dort zu baden. Es war schwierig, die Fahrräder am Nachmittag durch das Gedränge am Naschmarkt zu manövrieren, aber Paula hatte den alten Japaner schon lange nicht mehr gesehen und sie wollte ihm unbedingt einen kurzen Besuch abstatten. Insgeheim hoffte sie ihm einige Antworten über Pinsels Gabe zu entlocken, denn er war eben schon sehr alt, hatte vieles gehört und gesehen und er kannte verschiedenste wundersame Geschichten.
Doch als sie sich bis zu seinem Stand durchgewühlt hatten, fanden sie diesen verschlossen. Das war äußerst seltsam, denn seit Paula denken konnte, war der Stand an jedem Wochentag offen gewesen.
Sie fuhren am Donaukanal entlang stromaufwärts, immer nebeneinander. Ein alter Mann mit zwei Hunden wies sie im Vorbeifahren darauf hin, dass das nicht erlaubt sei, das Nebeneinanderfahren. Aber es kümmerte Pinsel und Paula überhaupt nicht, denn es war ja warm und die Sonne schien ihnen auf den Rücken.
Sie ließen die Müllverbrennungsanlage hinter sich, mit dem hohen Schlot und der goldenen Blase. Pinsel erinnerte sie immer an seine eigenen Bilder mit ihren starken Formen, großflächig bemalt, irgend-

wie wild und bunt. Außerdem konnte man den Turm sogar in der Nacht von weitem erkennen, weil dann die Blase in immer wechselnden Farblichterpunkten leuchtete. Das Einzige, was so gar nicht zu dem fröhlichen Turm passte, war die dreckige Wolke, die tagtäglich aus seinem Schlot rauchte.
„Ich bin mir bewusst, dass dir der große Turm gefällt. Aber der ist gar nicht so fröhlich, wie er aussieht. Er muss hunderte Tonnen Müll schlucken jeden Tag, und so sehr er bemüht ist, seine Buntheit nach außen zu wahren, sieht es in ihm doch äußerst grau aus. Die Menschen bedenken gar nicht, wie viele Dinge sie wegschmeißen, die eigentlich noch gebraucht werden könnten."
Pinsel hätte es fast vom Fahrrad geworfen vor Schreck, denn in manchen Situationen war er einfach nicht auf die Häuser vorbereitet. Er bremste scharf. Nach ein paar Metern machte auch Paula kehrt und kam zurückgerollt.
Diese Stimme konnte auf keinen Fall der Müllverbrennungsanlage gehören, denn sie kam von weit her und Pinsel wusste sehr gut, wie laut die Stimme des hohen Doms gewesen war. Es musste ein Haus sein, irgendwo weiter weg vom Wasser, und so rief er: „Wo ist denn das Haus, das sich um ein anderes Sorgen macht?", in die Leere.

„Karl-Marx-Hof heiße ich mit Namen, aber du kannst mich von dort drüben nicht sehen. Ich bin zwar über einen Kilometer lang, aber nicht so hoch."
„Wieso bist du besorgt um die Müllverbrennungsanlage? Weißt du, wir haben schon ein paar Häuser kennen gelernt, meine Freundin Paula und ich,

aber bisher hat sich noch nie eines um das andere Sorgen gemacht", stellte Pinsel fest. „Nur wenn es jedem Einzelnen, auch dem Kleinsten, gut geht, funktioniert das System." „Was meinst du damit? Die Müllverbrennungsanlage ist doch richtig riesig." „Kommt mich doch besuchen", sprach der Karl-Marx-Hof freundlich. „Ich werde euch alles zeigen und erklären."

„Die Häuser reden wieder, richtig?", wollte Paula wissen. „Genau. Der Karl-Marx-Hof sagt, dass die Müllverbrennungsanlage ein Problem hat. Die Menschen produzieren zu viel Mist." „Das habe ich doch immer schon gesagt." Paula fühlte sich bestätigt, denn sie war für strikte Mülltrennung und kaufte ausschließlich Hefte aus Altpapier.

Jedenfalls war es so einfach, Paula für einen Zwischenstopp beim Karl-Marx-Hof zu gewinnen. Sie mussten großräumig den Geleisen der U-Bahn ausweichen, radelten über Brücken und auf stark befahrenen Straßen zwischen Tageszeitungshochhäusern und geradlinigen Industriehallen. Doch bald rollten sie durch einen pompösen Torbogen in den Innenhof des Karl-Marx-Gebäudes und versperrten ihre Gefährte in den eigens dafür gebauten Radhäuschen. Dieser Hof war anders als der Innenhof, den Pinsel von seinem Zimmerfenster zu Hause sehen konnte. Er war sicher zwanzig Mal so groß, eigentlich eine längliche Wiese mit Wegen und vielen Bäumen. Da waren Bänke, Spielplätze und Gartenhäuschen. Alte Damen saßen dort und unterhielten sich im Schatten der Kastanienbäume. Ungefähr zwanzig Kinder unterschiedlichen Alters spielten zusammen Fußball, und einige Mütter beobachteten sie vom Balkon ihrer Wohnungen aus. „Weißt du, dass ich mir immer gewünscht habe, in einem sozialen Wohnbau zu leben?", fragte Paula Pinsel, und dann erklärte sie: „Ich habe ja meine Bücher, aber es muss schon großartig sein, wenn da immer jemand ist, mit dem man etwas unternehmen kann."

„Du hast Recht, Paula, aber findest du nicht, dass diese Wohnungen alle gleich aussehen?"

„Nein", meldete sich da der Karl-Marx-Hof selbst zurück. Pinsel hatte beinahe vergessen, dass er ihn ja hören konnte. „Du musst zuerst meine Geschichte kennen, um mich zu verstehen. Vor nun beinahe hundert Jahren wohnten in der Stadt schon so viele Menschen wie heute. Es gab aber viel weniger Wohnungen. Manche Menschen hatten nicht einmal ein eigenes Bett, der eine ging schlafen, wenn ein anderer aufstand. Sicher wohnten die Reichen in riesigen Villen, aber die anderen, die Arbeiter, mussten auf unerträglich engem Raum zusammenleben. Die Stadtväter, die Sozialisten, beschlossen also, Tausende neue Wohnungen zu bauen, denn die wurden eben ganz dringend benötigt. Es galt, einen gleichmäßig guten Lebensstandard zu gewährleisten für viele, und es musste schnell gehen. Deshalb habe ich weniger Dekor als das Haus, in dem du wohnst.

Weißt du, niemand kann den Menschen das Glücklichsein garantieren, aber gewisse Dinge müssen für alle bereit stehen. Nur wenn jeder ein Dach über dem Kopf hat, nur wenn es Elektrizität, Wasser, öffentliche Verkehrsmittel, Schulen, Spitäler, Bäder und Parks für alle gibt, dann funktioniert eine Stadt gut."

„Ich verstehe", meinte Pinsel ein wenig kleinlaut, weil er die Wohnungen des Karl-Marx-Hofes so vorschnell beurteilt hatte. „Und deshalb kümmerst du dich auch um die anderen Häuser. Eben weil es allen gut gehen soll." „Genau", pflichtete der Karl-Marx-Hof Pinsel bei. „Die Müllverbrennungsanlage, die gleichzeitig auch all meinen Bewohnern die Beheizung ihrer Wohnungen ermöglicht, ist ganz besonders wichtig für die Stadt. Ohne sie würden wir im Müll ertrinken und im Winter ganz bitterlich frieren. Übrigens waren es auch die Sozialisten damals, die diese Einrichtung für die ganze Stadt gefordert haben. Diese Dinge, die alle Menschen heute als ganz selbstverständlich hinnehmen,

mussten früher hart erkämpft werden, aber das kannst du dir wahrscheinlich kaum vorstellen."
„Vorstellen kann man sich alles", sagte Pinsel weise. Paula war in der Zwischenzeit im Hof auf- und abgewandert und hatte dann den anderen beim Ballspielen zugesehen. Ein großer Bub, offensichtlich der Anführer, kam zu Paula herüber. „Dich habe ich hier ja noch nie gesehen. Was tust du hier?" Und so erzählte Paula Pinsels Geschichten von Anfang an. Mit der Zeit versammelte sich eine ganze Traube von Kindern, die alle gebannt Paulas Geschichte lauschten. Denn wir wissen ja, wenn Paula um eines Bescheid wusste, dann war es, wie man am besten Geschichten erzählt.

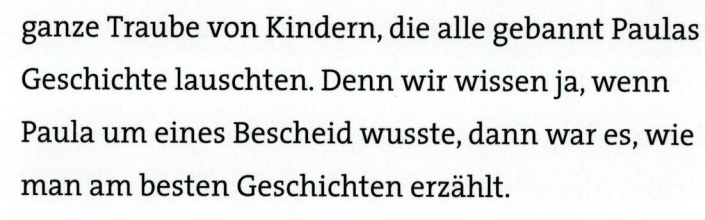

Der Karl-Marx-Hof berichtete unterdessen in seiner gemütlichen und klugen Weise mehr über die Müllverbrennungsanlage. Eigentlich machte sie nämlich der ganze überflüssige Mist ziemlich traurig. Manchmal hatte sie sogar den Karl-Marx-Hof aufgefordert, seine Bewohner zu überzeugen, gar keinen Mist mehr zu produzieren. „Weißt du", erklärte er Pinsel, „vielleicht muss sie gerade nach außen hin so blau blitzen und golden strahlen, weil sie mit ihrer grauen Aufgabe gar nicht glücklich ist. Obwohl sie sich natürlich alle Mühe gibt."
Glücklicherweise war es ihr durch ihr junges Alter und durch neue Technologien gelungen, den Müll ziemlich umweltfreundlich zu verarbeiten und daher war es auch nicht richtig, dass die graue Wolke, die aus dem Schlot rauchte, dreckig war, aber das alleine genügte der Müllverbrennungsanlage nicht. Denn während dem aufgeklärten Karl-Marx-Hof völlig bewusst war, dass es die müllfreie Stadt wahrscheinlich nie geben würde, träumte die naive Müllverbrennungsanlage von reiner Luft, glasklarem Wasser und grünen Wäldern.

Als Paula gerade die Geschichte der Secession mit den Worten „… und weil die Dame so herumgeschrien hat, waren plötzlich tausend Leute da und dann sind wir davongelaufen", schloss, stieß Pinsel zu der Gruppe. „Was erzählst du denn da?", fragte Pinsel verwundert, weil er nicht wollte, dass Paula sein Geheimnis verriet.

Der Große fühlte sich mittlerweile in seiner Anführerrolle bedroht, und es passte ihm überhaupt nicht, dass alle von Paulas Geschichte begeistert waren. „Deine Freundin will nur beweisen, wie toll sie ist. Aber ich und meine Freunde, wir begnügen uns nicht mit irgendwelchen Pinseleien. Wir bauen sogar was. Einen Hobbyraum im Keller, wo nur ich und meine Freunde sein dürfen."

„Aber es wird doch Sommer", sagte Pinsel. „Warum wollt ihr im Keller sitzen?" „Weil uns dort die Erwachsenen nicht beobachten können", meinte der Ältere. „Aber es gibt doch hier so viele Bäume. In denen kann man sich auch wunderbar verstecken und noch dazu ist man im Freien."

„Ein Baumhaus, ja das wäre schon was", gab der Anführer zu. „Aber mit welchem Material sollen wir das bauen?" Pinsel überlegte. „Wie wäre es mit Abfall?" „Was?", fragte der Große, aber Paula grinste. „Abfall, Mist, Müll", wiederholte Pinsel.

„Das geht doch gar nicht!" „Doch", meinte einer der Jüngeren. „Wir haben im Keller noch ziemlich viel Holz übrig." „Wir haben so rostiges Blech gelagert", sagte ein anderer. „Und wir alte Vorhangstoffe", „und meine Mama hat verschiedene Farbreste, weil sie den Balkon angemalt hat", sagte ein Mädchen. „Gut, dann ist es entschieden", beschloss der Große. „Aber wenn wir das zusammen bauen, dann dürfen auch alle das Baumhaus benützen", traute sich einer der Kleineren zu sagen. Der Anführer überlegte eine Sekunde. „In Ordnung. Jeder, der etwas mitbringt und mitbaut, darf das Baumhaus auch benützen." Und so stoben sie auseinander und jeder raffte alles zusammen, was in den Wohnungen und Kellern nicht mehr benutzt wurde. Auch Pinsel und Paula fanden in den Müllcontainern einige brauchbare Dinge. Kartonschachteln und Obstkisten, Säcke, Dosen und Flaschen.
Innerhalb einer viertel Stunde hatten die anderen aus den Wohnungen mit Einkaufswägen einen richtigen Berg an alten Dingen angerollt und in der Wiese aufgetürmt. Dünne Bretter und dicke Balken, Metallplatten und -gitter, farbige Stoffreste, eine zerlöcherte Tagesdecke und drei Plastikplanen, eine Holzspanplatte und fünf halbvolle Farbtöpfe – schwarz, weiß, blau, rot und gelb. Ein Mädchen schleppte sogar eine ganze Kiste mit abgeplatztem Geschirr heran. Dann waren da noch ein geschossener Sonnenstuhl, in der Mitte zerschlissen, ein Sesselchen mit gebrochenem Bein, eine schmutzige Matratze, ein Schachbrett, das fünf Spielfiguren vermisste, an die zwanzig Bücher, zerlesen, bemalt, ein Kübel mit einem winzigen Loch an der Seite und eine abgewetzte Taschenlampe, deren Birnchen einfach nur ausgebrannt war, und ein richtiger Stapel aus Zetteln, einseitig bedruckt. Man könnte die Rückseiten noch zum Zeichnen verwenden, meinte ein Bub, der eine Matrosenmütze trug und einen Rettungsring mitgebracht hatte. Pinsel mochte ihn. Der Große hatte an alles gedacht und schleppte jede Menge Werkzeug an.
Schnell war der richtige Baum gefunden. Eine alte Kastanie mit stämmiger Statur, die ersten Äste nicht zu hoch, sodass Paula und der Anführer ein Team bilden mussten, weil sie am größten waren, um eine Räuberleiter zu machen. Sie knoteten ein Seil aus dem Vorhangstoff, an dem sich alle hinaufhieven konnten.
Aus einigen Latten war in kürzester Zeit eine Plattform rund um einen der Nebenäste genagelt – darauf entstanden die Wände, manche aus Wellblech, andere aus Holz.

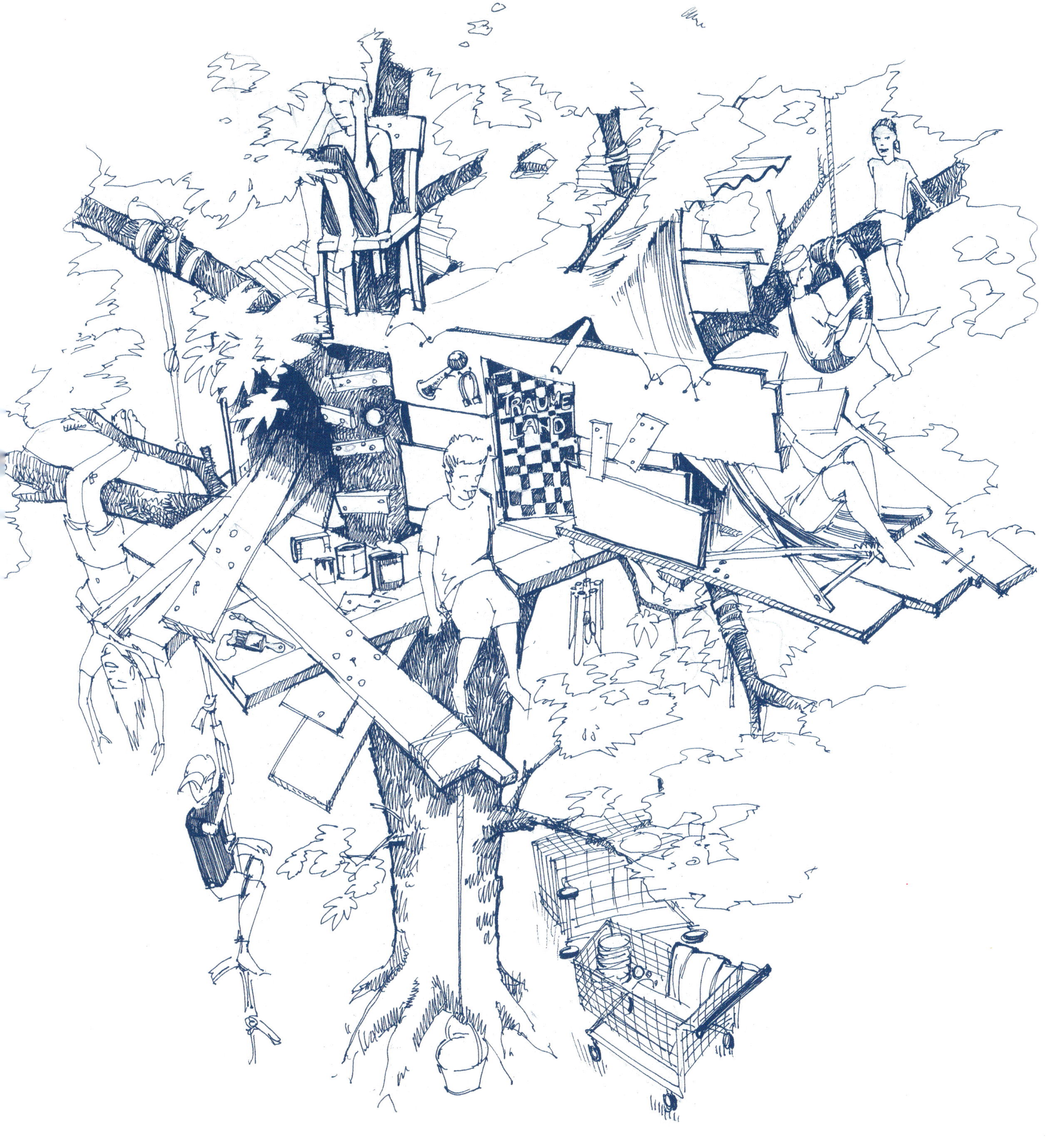
TRAUME
LAND

Ständig hämmerten und nagelten zehn Kinder am Baum und andere schnitten Bretter in der Wiese zu oder beluden den Kübel, der mit einem Seil nach oben gezogen werden konnte.

„Aber das ist ja alles schief!", rief der Anführer, als das Grundgerüst aufgestellt war. „Das macht doch nichts", meinte Pinsel, „in der Natur ist ja auch nichts gerade." Und weil die anderen das Argument überzeugend fanden, kletterte der Anführer weiter nach oben bis in die Krone des Baumes und nagelte mit Paulas Unterstützung ein paar Bretter an die Äste, „als Tritthilfe für die Kleineren."

Das Sesselchen wurde in der Höhe neben dem Eingang aufgehängt, genau über der Dosenklingel. So machte es nichts aus, dass ihm ein Bein fehlte. Die Plastikplanen wurden zu einem Dach, so konnte es auch zurückgezogen werden, und wenn der Wind blies, wölbte es sich bauchig auf. „Das Schöne an einem Baumhaus ist, dass es eigentlich gar kein Dach braucht, denn das ist ja schon da", dachte Pinsel, aber er behielt es für sich.

In der Wiese wurde der Liegestuhl geflickt, er sollte auf einer Sonnenplattform stehen. „Wir könnten zusammenlegen und eine neue Glühbirne für die Taschenlampe kaufen", schrie der Anführer von oben herunter. „Dann kann man in der Nacht jeden über das Zimmerfenster anblinken, wenn eine geheime Versammlung einberufen werden muss." Das Mädchen mit dem Geschirr übernahm die Aufgabe und lief zur Eisenwarenhandlung ums Eck, dort gab es alles, was man so brauchte. Weil Paula und der Anführer noch immer im Wipfel herumturnten, beschloss Pinsel, mit dem Mützenjungen den Innenraum einzurichten. Sie bastelten ein Regal für Bücher, Spiele und Geschirr aus Kartonschachteln. Dann überzogen sie die schmuddelige Matratze mit der Tagesdecke – so sah sie richtig gemütlich aus – und eine Obstkiste gab einen wunderbaren Tisch. Darauf stellten sie das Schachbrett und schnitzten die fehlenden Figuren aus Kastanienzweigen.

Es war brütend heiß. Sie legten sich auf die Matratze und rasteten mit geschlossenen Augen. „Hörst du das Rauschen der Blätter? So stelle ich mir das Rauschen am Meer vor. Mein größter Traum ist es, einmal zur See zu fahren", sagte der Mützenjunge. „Ich war noch nie dort", ergänzte er. „Meer gibt es hier weit und breit keines", dachte Pinsel und er hatte Mitleid mit dem Mützenjungen. „Du malst also gerne?", fragte er, um das Thema zu wechseln. „Zum Malen brauchst du eine Staffelei und einen Ort, wo du dich richtig wohl fühlst." „Am liebsten bin ich draußen. Wo ich alleine sein kann, wenn ich will, aber vieles sehe", meinte der Mützenjunge. Und so nagelten Pinsel und der Bub die Holzspanplatte an den Baumstamm am Sonnendeck mit einer kleinen Schiene für die Malsachen. Daneben ließen sie den Rettungsring mit einer Schnur schweben, so konnte man auf ihm schaukeln. Dann spannten sie ein Seil, an dem sie den Vorhang befestigten, um so ungestört zu arbeiten. „Bemalst du mit mir die Tür, sie soll wie das Schachbrett aussehen", fragte der Mützenjunge Pinsel. Und das taten sie dann auch. Als das erledigt war, strichen sie die Tritte in Blau.

„Ich schenk dir meine Fahrradhupe, dann kannst du alle ganz schnell zusammentrommeln", hörte Pinsel Paula zum Anführer sagen, die gerade gelenkig nach unten kletterte. Der Anführer folgte ihr mindestens so geschickt.

Pinsel fühlte sich richtig ausgeschlossen, als er Paula mit dem Großen zu den Fahrrädern hinüberschlendern und dann lachend im Gartenhaus ver-

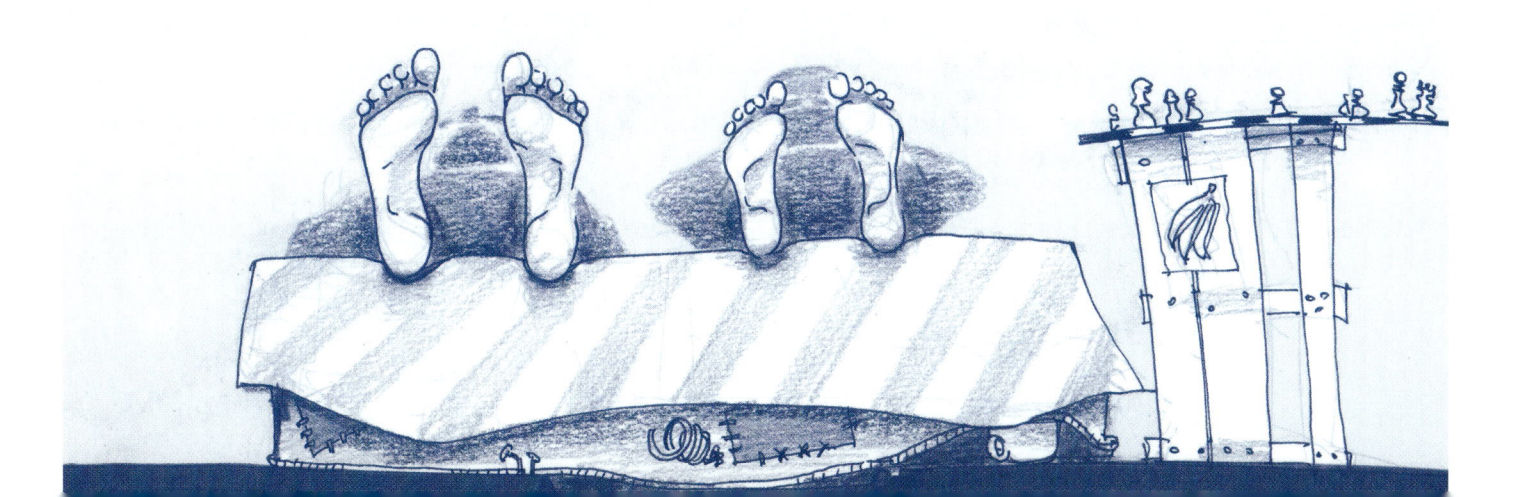

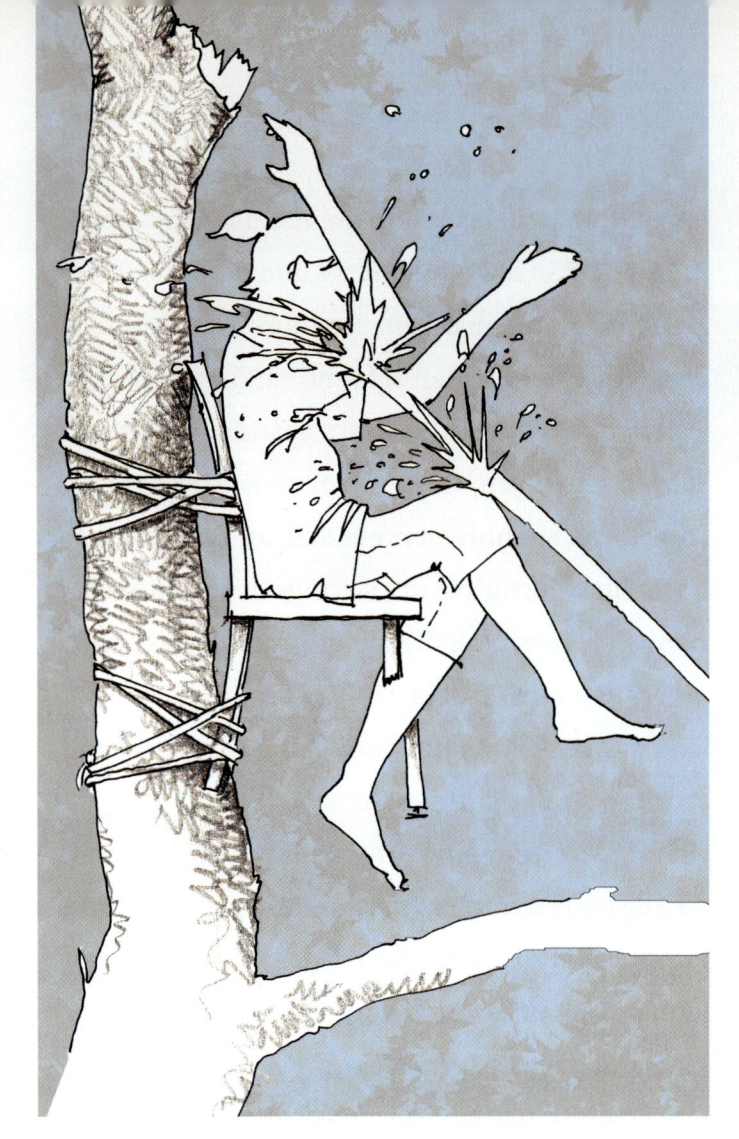

schwinden sah. Er setzte sich auf das Stühlchen mit dem gebrochenen Bein und starrte in das wandelbare Blätterdach.
Plötzlich traf ihn ein Wasserstrahl mit voller Wucht. Die anderen kreischten durcheinander. Paula und der Große hatten den dicken Gartenschlauch aus dem Gemeindehäuschen geholt und bespritzten jetzt alle, die um sie herum standen. Die meisten ließen sich sogar freiwillig vom Nass kühlen, denn immerhin hatten sie den ganzen Nachmittag geschuftet und es war wirklich heiß. Aus der Höhe beobachtete Pinsel den Trubel. Alle schienen den größten Spaß zu haben, nur er war nicht mehr glücklich. Nach einigen Minuten hatte sich unter dem Baum eine riesige Wasserlacke gebildet. „Und jetzt gibt es hier doch ein Meer", dachte Pinsel. Er nahm eine Kreide aus seiner Schachtel und schrieb in dicken roten Buchstaben TRÄUMELAND an die Tür des neuen Häuschens. Dann suchte er alle blauen Kreiden zusammen und stieg zum Mützenjungen hinüber, der gerade ein Papier an die Staffelei heftete. „Für dein Meer", sagte er und kletterte vom Baum. Da Paula nicht zum Gehen zu bewegen war und nur vergnügt dem Großen den Schlauch aus der Hand riss, als sich Pinsel verabschiedete, radelte er alleine nach Hause.
Was Paula so gut an dem Großen fand, konnte er nicht verstehen. Aber dann überlegte er, was sie an diesem Tag zusammen geschafft hatten. Das Baumhaus war ein Ort, an dem Träume wirklich wurden. Und das stimmte ihn fröhlicher. Bis plötzlich der Reifen seines Fahrrades platzte und er es mühselig in die U-Bahnstation schieben musste. Vom Zug aus konnte man den Turm der Müllver-

brennungsanlage sehen. Pinsel schaute wie gebannt hinaus. Zwei junge Frauen verfolgten seinen Blick. „Schön ist der Turm, nicht?", sagte die eine zur anderen, und dann die andere zur einen: „Ja, ein richtiges Wahrzeichen ist der." Die Wagontüren öffneten sich keuchend und die beiden stiegen aus. „Ob die jemals über den überflüssigen Müll nachgedacht haben?"

„Besser hätte ich es auch nicht machen können", kicherte es da auf ihn herunter. „Hast eine bunte Behausung in Verbindung mit Natur gebaut, wenig geradlinig, wiedergewonnene, verspielte Schönheit, fast Kunst, sicher ökologisch und auch ein bisschen technisch aus Müll, Müll, Müll!" „Das war ich nicht alleine. Das haben wir zusammen geschafft", gab Pinsel der vergnügten Müllverbrennungsanlage zur Antwort. „Trotzdem wunderbar, großartig, brillant." Und da schlossen sich auch schon die Türen und der Zug fuhr langsam ab. Pinsel zog die nassen Sachen aus. Todmüde legte er sich ins Bett und vergrub sich in der dünnen weißen Sommerdecke, die seine Mutter frisch bezogen hatte. Durch das offene Fenster hörte er das leise Zirpen einer Grille im Hof und das dumpfe Geräusch der flatternden Taubenflügel über dem Dach. Als er fast eingeschlafen war, drehte sich ein Schlüssel im Schloss. Pinsels Mutter betrat das Zimmer. „Kannst du morgen mit Paula die Zugtickets für den Urlaub abholen, ich muss etwas erledigen", bat sie ihn leise und strich ihm übers Haar. Dann küsste sie ihn auf die Stirn. „Schlaf schön", flüsterte sie und schloss die Türe. Pinsel freute sich auf den Urlaub, auf die Sonne, den Sand und das Salzwasser. Denn wahrscheinlich würde dort auch wieder alles besser sein zwischen den Eltern. Und während Pinsel schlief, erwachte TRÄUMELAND zum Leben.

Vom betagten Südbahnhof

„Es wird sicher noch regnen heute", sagte Paula und schaute zum Himmel, der sich in seinem schönsten sommerlichen Blitzblau zeigte. „Obwohl es vorher immer so schwül ist, ich liebe den Sommerregen."
Sie hatte sich breitschlagen lassen, Pinsel zum Südbahnhof zu begleiten, unter der Bedingung, dass sie vorher am Naschmarkt dem alten Japaner noch einen längeren Besuch abstatteten.
Aber auch an diesem Tag war er dort nicht anzutreffen. Stattdessen war da ein etwas jüngerer Mann. „Weißt du, wo mein Freund ist?", fragte Paula. „Du musst Paula sein", antwortete er freundlich. „Mein Vater ist leider nicht da und er kommt auch nicht wieder." „Aber warum denn?", wollte Paula wissen, denn ihr fiel wirklich kein Grund ein, wieso der alte Japaner seinen geliebten Stand verlassen haben sollte. „Mein Vater ist vor zwei Tagen gestorben."
„Er ist tot?", flüsterte Paula ungläubig und Pinsel bemerkte, wie ihr Körper zu zittern begann. „Aber das kann doch nicht sein, das darf nicht sein. Er – ich hatte doch noch so viele Fragen an ihn."
Pinsel fasste nach ihrer Hand, doch sie schüttelte ihn ab. „Nein, nein, das, nein", stammelte sie. Alle schwiegen. „Er hatte keine Schmerzen", sagte der Sohn dann. „Er fühlte sich schwach und ist im Schlaf gestorben. Zuvor habe ich noch mit ihm gesprochen und er hat mir einiges erzählt, auch von dir und deinem Freund, Pinsel, nicht wahr, und er hat mich gebeten, dir das zu geben, denn er dachte, du würdest vielleicht noch einige Dinge wissen wollen." Er streckte die Hand aus und öffnete sie. Darin lagen zwei Glückskekse. Pinsel und Paula nahmen sich je eines. Paula war nicht im Stande etwas zu sagen. Sie schaute dem jungen Mann lange in die Augen, griff dann nach seiner Hand und neigte den Kopf zum Abschiedsgruß.
„Ich werde ab jetzt immer hier sein, um meinen Vater, so gut ich kann, zu vertreten. Du kannst immer zu mir kommen."
Still war die Fahrt in der U-Bahn verlaufen. Paulas Körper hatte noch immer nicht aufgehört zu beben, als sie mit Pinsel durch die endlosen U-Bahngänge wanderte. „Willst du darüber reden?", machte Pinsel einen zögerlichen Versuch Paula zu trösten, als sie den betonierten Busbahnhofsplatz über-

querten. „Was gibt es da zu reden? Er ist tot und er kommt niemals wieder. Sag mir nur, was in deinem Glückskeks steht, vielleicht enthält es eine Nachricht." Pinsel brach es auf und las mit leiser Stimme vor. „Wer die Zeichen zu lesen weiß, versteht." Er wusste nichts Rechtes damit anzufangen und Paula zog es vor, schweigsam darüber nachzudenken.

An der Bahnhofskasse stand eine lange Schlange. Da in der ganzen Halle keine Bank zu finden war, kauerte sich Paula neben den Ticketautomaten auf den Boden. Pinsel verstand, dass sie jetzt lieber alleine sein wollte. Obwohl die meisten Menschen das Warten nicht besonders mochten, hatte Pinsel darin immer schon Vorteile gesehen. Das Warten nämlich gab einem die Möglichkeit,

Dinge zu bemerken, die man sonst nie beachtet hätte. Da waren ein paar Tauben, die sich verirrt hatten, alte und junge Leute mit Reisetaschen und Rucksäcken oder großen Koffern, manche davon trugen Flugzeugaufkleber. Einige Reisende hatten sogar Instrumente bei sich, und dann waren da noch Schülergruppen und Familien. Menschen saßen auf ihren Koffern, Bücher und Zeitschriften in den Händen. Und obwohl die Bahnhofshalle ein bisschen schmuddelig war, fand Pinsel Gefallen an dem gelblichen Licht, das durch das Gitter der hohen Decke schien und an den großen Glasfenstern, die auf die Straße hinausschauten. Und dann fiel sein Blick wieder auf Paula, die zusammengekauert am Boden saß. Ihr Körper hatte zwar aufgehört zu zittern, aber dafür schien sie nun vollkommen abwesend. Es war schrecklich. Was konnte Pinsel denn in dieser Situation sagen, um ihr zu helfen? „Sie ist besonders traurig, deine Freundin, nicht wahr?", brummte da der Bahnhof. „Ja, ihr ältester Freund ist gestorben", erklärte Pinsel. „Und ich weiß nichts, was ich sagen könnte, um sie zu trösten." „Ich werde auch bald sterben. Abgerissen, um genau zu sein", sagte der Bahnhof. „Was? Aber das ist ja furchtbar", rief Pinsel. „Hast du denn gar keine Angst?" „Nein, denn die großartigste Aufgabe, die wir Häuser haben können, ist doch, für alle Menschen da zu sein. Junge, alte, manche aus fernen Ländern und andere aus dieser Stadt. Und wie du sehen kannst, ist das hier der Fall. Ich bin ein ganz einfaches Gebäude, zur ständigen und täglichen Benutzung gedacht, ohne viel Schnickschnack, um den Menschen den Antritt und das Ziel ihrer langen Wege so einfach wie möglich zu machen."

„Aber macht es dich dann nicht furchtbar traurig, dass du dich von all dem, von all deinen Reisenden verabschieden musst?", fragte Pinsel leise. „Nein, auch das nicht. Denn wenn ich mich mit einer Sache auskenne, dann ist es der Abschied. Tausende Abschiede habe ich miterlebt und genauso viele Wiedersehen. Ich hatte das Glück, jeden Tag, jede Stunde, jede Minute mitzuerleben, wie Menschen weinen und lachen, wenn sie sich in die Arme fallen nach einer langen Reise." „Das ist sicher schön, aber warum macht es dir nichts aus, dich zu verabschieden?" „Der Anfang von so vielen Träumen beginnt hier bei mir. Denn jeder Mensch, der meine große Halle betritt, ist im Begriff, ein weiteres Kapitel seines Lebens zu schreiben oder hat gerade ein neues geschrieben. In dieser Halle und auf meinen zwanzig Bahnsteigen durfte ich schwere Schicksale, aber auch unendlich viele schöne Lebensgeschichten betrachten. Jeden Tag in all den Jahren wurde ich von den Menschen belebt und deshalb ist es für mich, obwohl ich noch gar nicht so alt bin, in Ordnung, Platz für etwas Neues zu machen. Ich habe mehr gesehen als andere Häuser in tausend Jahren. Und weißt du, in gewisser Weise ist auch das Leben nur eine lange Reise mit einem ungewissen Ziel. Und am Ende jeder Reise steht dann etwas Neues. Das Ältere muss manchmal dem Jungen Platz machen, damit wieder aufs Neue eine Geschichte geschrieben werden kann."

„Der Nächste, bitte" drang die etwas gereizte Stimme des Mannes am Schalter an Pinsels Ohr. Wahrscheinlich hatte er ihn schon einige Male aufgerufen.

Nachdem Pinsel die Tickets abgeholt hatte, fiel ihm ein, dass er gar nicht wusste, von wo aus die Menschen nun ihre Reise antreten würden, wenn der alte Bahnhof nicht mehr da wäre. „Aber wer wird deine Stelle übernehmen, wenn es dich nicht mehr gibt? Was wird hier statt dir gebaut werden?", fragte er. „Es gibt ja andere Bahnhöfe in der Stadt, aber natürlich wird an meiner Stelle in ein paar Jahren hier ein neuer Bahnhof stehen." Vielleicht, dachte Pinsel, könnte auch Paula im Sohn des alten Japaners einen großen neuen Ratgeber finden.

Paula hatte unverändert in ihrer verschlossenen Position verharrt. „Können wir jetzt endlich gehen", sagte sie gereizt. „Ich habe etwas erfahren, was dich vielleicht ein bisschen trösten könnte. Der Südbahnhof hat mir erzählt – ", aber weiter kam Pinsel gar nicht, denn Paula sprang plötzlich auf und schrie voller Wut: „Hör endlich auf mit deinen Lügengeschichten, Pinsel. Sprechende Häuser gibt es nicht! Ich höre mir seit Wochen deine Phantasien an, mache alles mit! Und heute, nur einmal, Pinsel, einmal, will ich, dass du mir zuhörst, dass du dich um mein Problem kümmerst, um ein richtiges Problem, nicht irgendein erfundenes Gebäudeproblemchen. Aber das ist wohl zu viel verlangt, dafür bist du wohl noch zu klein. Mir reichts mit dir, Pinsel, ich gehe." Und da drehte sie sich tatsächlich um und lief davon. Pinsel wusste gar nicht, wie ihm geschehen war. Er wollte Paula doch nur helfen, und sie hatte ihn so beleidigt. Sie glaubte ihm nicht und sie hatte ihn wegen seiner Größe heruntergemacht. Und als er dachte, dass es schlimmer nicht kommen könne, fiel sein Blick auf die Zugtickets in seiner Hand und er bemerkte, dass es nur drei waren. Die Fahrkarte seines Papas fehlte.

Als Paula nach Hause ging, brach sie das Glückskeks auseinander. Vielleicht, dachte sie, würde sie darin Rat finden, Rat, den sie so dringend benötigte. „Nur weil man ein Buch lesen kann, heißt das noch nicht, es auch zu verstehen."

Sie wurde einfach nicht schlau aus den Glückskeksen, und nachdem sie sich eine Weile den Kopf darüber zerbrochen hatte, beschloss sie, zum Naschmarkt zu fahren und den Sohn des alten Japaners um Rat zu fragen.

„Eine klare Antwort darauf kann ich dir nicht geben", sagte dieser, während er den Rollladen herunterzog. „Da musst du selbst dahinterkommen. Nur so viel sage ich dir: Es gibt viele Arten, Zeichen zu lesen, man kann sie auf hundert mögliche Weisen auslegen und verstehen." Etwas an seiner Antwort erinnerte Paula an die Ratschläge, die ihr sein Vater immer gegeben hatte.

Und weil es noch immer so warm war, blieb Paula auf der Obstkiste sitzen und erzählte. Sie erzählte von Pinsels befremdlichen Geschichten, von ihrem Streit und von Pinsels Gabe, die Sprache der Häuser zu verstehen, während am Naschmarkt Ruhe einkehrte und sich der Tag vor dem Abend verneigte.

Vom Semperdepot, von der Feuertreppe und vom Pavillon

Geknickt schlurfte Pinsel nach Hause, ließ die Haustür krachend ins Schloss fallen, seufzte und warf den Rucksack in eine Ecke. Die Stifteschachtel schepperte. Vielleicht hatte Paula ja Recht gehabt. Immerhin hätte er sich ohne Paula nie getraut, all die Häuserabenteuer zu unternehmen. Dann dachte er darüber nach, ob vielleicht wirklich mit ihm etwas nicht stimmte. Denn es war schon verrückt, die Sache mit den Häusern, aber er konnte sich das doch nicht alles eingebildet haben. Am liebsten hätte sich Pinsel ins Bett verzogen, doch da kam ihm schon sein Bruder entgegen. „Du siehst traurig aus, Pinselchen. Hast du Stress mit deiner Lieblingsbohnenstange?", ärgerte ihn der Ältere. Das Letzte, was Pinsel jetzt brauchen konnte, war ein Streit mit seinem Bruder. Und auch wenn die Paula ihn gekränkt hatte, durfte der Bruder sie nicht beleidigen. Pinsel atmete tief durch und öffnete schweigend die Tür zu seinem Zimmer. „Mag sie dich nicht mehr, weil du zu kindisch und klein bist?", rief der Bruder ihm nach. Das war zu viel. Kreischend rannte Pinsel auf seinen Bruder zu, der ergriff brüllend und mit lautem Gepolter die Flucht und rettete sich ins Elternschlafzimmer. „Mamaaa, der Pinsel, …" wollte er den kleineren Bruder verpetzen.

Doch in der Tür verschlug es ihm die Sprache, denn neben der Mutter war auch der Vater ungewöhnlich früh zu Hause. Im Halbdunklen saß die Mutter auf dem Bett, sie kehrte dem Vater den Rücken, dessen Umriss sich im Gegenlicht vor den hellen Vorhängen abzeichnete. Es schien, als würde er aus dem Fester sehen, nur dass die Gardinen eben sorgfältig zugezogen waren. Erst jetzt bemerkte Pinsel, dass die Mutter leise weinte. Nur kurz schaute sie auf. Dann senkte sie ihren Blick wieder und flüsterte: „Buben, ich habe jetzt keine Zeit dafür. Geht auf eure Zimmer." Und auch als die Buben betreten das Zimmer verließen, drehte sich der Vater nicht um. Im Vorzimmer blieb der Größere kurz stehen. „Es tut mir L ...", wollte sich Pinsel entschuldigen. „Ach, lass mich doch zufrieden", murmelte der Bruder. Zum ersten Mal wirkte er nicht mächtig, sondern ganz winzig – und traurig. Zwei Türen knallten und Pinsel blieb alleine im düsteren Vorzimmer zurück.

Er fühlte sich einsam, musste an Paula denken, die in allen Lebenslagen einen guten Ratschlag wusste, und es tat ihm plötzlich unendlich Leid, dass er sich an diesem Nachmittag nicht richtig um sie gekümmert hatte.

Aber zu ihr konnte er jetzt nicht gehen, denn sie war wirklich richtig böse gewesen. Zu Hause bleiben wollte er aber auch nicht, und so verließ er die Wohnung und trat auf die leer gefegte Straße. Die Sonne brannte noch immer vom Himmel und es roch nach heißem Asphalt.

„Niemand kann dich so gut verstehen wie ich, Pinsel", sagte da die weichste Stimme, die Pinsel jemals gehört hatte. „Ja, ich kenne dich, seit es dich gibt. Auch mich macht es traurig, was mit deiner Familie passiert."

Nach den Ereignissen hatte Pinsel schon fast vergessen, dass da ja immer ein Gebäude in der Nähe war, mit dem er sprechen konnte. „Bist du das Haus, in dem ich wohne? Wieso hast du noch nie mit mir gesprochen?" „Wir sind es, die den Menschen am nächsten stehen, aber die großen Häuser sind vielleicht ein bisschen auffälliger als wir Wohnhäuser. Eine Sprache sprechen aber wir alle. Es ist traurig, was mit deiner Familie geschieht, aber ich denke, es ist am wichtigsten, dass du dich zuerst wieder mit Paula versöhnst. Mit einem guten Freund an seiner Seite erträgt man vieles leichter." „Aber Paula war heute furchtbar böse auf mich und sie hat mich ziemlich beleidigt. Wie kann ich es anstellen, dass alles wieder gut wird?" „Das könnte ich dir schon sagen, aber es ist wichtig, dass du zuerst etwas begreifst. Deshalb rate ich dir, zum Semperdepot zu gehen, gleich hier um die Ecke. Dort suchst du die Feuertreppe – vielleicht kann sie dir etwas erzählen." Und dann schwieg Pinsels Wohnhaus wieder.

Pinsel ging die Straße hinunter und überlegte,

was für eine bedeutende Geschichte eine Treppe denn erzählen konnte, aber er vertraute auf den Rat seines Wohnhauses. Die hohe schwarze Feuertreppe stand mächtig im Freien. Pinsel setzte sich auf eine Stufe und rastete sich im Schatten ein bisschen aus, und sofort begann sie ganz unverblümt zu plappern. „Ja, Pinsel, ist das schön, dich einmal hier zu sehen, wie geht es dir, ich habe dich schon erwartet." „Nicht so gut, heute. Ich habe mit meiner besten Freundin gestritten und es tut mir ja Leid, dass ich mich nicht um sie gekümmert habe, aber ich weiß nicht, ob sie mir verzeiht." „Lass mich dir eine Geschichte erzählen. Schau dir einmal das Semperdepot und mich an. Das Semperdepot ist schon sehr alt. Früher, lange, bevor es mich gegeben hat, war es ein äußerst wichtiges Gebäude für das Theater. Bühnenbilder und Kulissen wurden hier gelagert. Hundert Jahre lang hatte dieses Gebäude eine wichtige Aufgabe und dann wurden die Bilder an einen anderen Ort gebracht und plötzlich hatte das ehrwürdige Gebäude kaum mehr Bedeutung. Es fühlte sich alt und unnütz. Und dann, das ist noch gar nicht so lange her, kam ein Architekt, der die Schönheit des Semperdepots zu schätzen wusste. Er war sich im Klaren darüber, dass das Semperdepot alt war, aber er kannte die Räume gut und fand, dass die Jugend die Hallen wieder beleben könnte. Mit kleinen Einbauten wurde dem alten Gebäude seine Fröhlichkeit zurückgeben. Das war meine

Geburtsstunde. Denn hier sollten Studenten arbeiten. Viele Studenten. Da das alte zentrale Stiegenhaus im Falle eines Feuers aber nicht genügend Leute nach draußen bringen konnte, wurde ich gebaut. „Du bist also lebenswichtig?", fragte Pinsel. „Ja, in einer gewissen Weise schon. Außerdem können nur, weil es mich gibt, heute so viele junge Menschen hier arbeiten." „Woran arbeiten denn diese jungen Menschen?", fragte Pinsel. „Sie sind Kunststudenten – haben hier ihre großen Ateliers um zu malen, zu zeichnen, zu drucken, zu fotografieren, ja die machen sogar Filme." „Das klingt ja großartig. Da sind ganz viele Leute zusammen, die mein größtes Interesse teilen. Kann ich mir das ansehen?" „Aber selbstverständlich."

Pinsel öffnete mit aller Kraft die schwere Eingangstür und schlich am Portier vorbei. Im ersten Stock fand er ein so genanntes Atelier. Die riesigen Räume mit den großen Bogenfenstern wurden von schlanken Säulen getragen. Die Studenten arbeiteten dort an bunten Leinwänden auf Staffeleien oder an großen Arbeitstischen. Der Raum war gefüllt mit Gemälden, Fotografien und Farbtöpfen. Es gab auch einige Sofas und Polstersessel, ja sogar Teller, Tassen, Vasen und Aschenbecher standen dort herum.

Ein Student bemerkte Pinsel, legte seinen Pinsel beiseite und ging auf ihn zu. „Um hier zu studieren, bist du wohl noch ein bisschen zu klein", begrüßte er ihn freundlich, und diesmal machte es Pinsel nichts aus. „Ja, aber nicht um zu malen." „Was tust du denn hier?" „Ich weiß nicht, ich wollte mir alles ansehen." „Na komm, ich führe dich herum." Im Erdgeschoß traten sie in eine Halle, die sich über fünf Stockwerke in die Höhe erstreckte. Auch hier gab es die schlanken Säulen aus den Ateliers und eine frei stehende Treppe, die sich an der Wand emporschlängelte. „Das ist der Prospekthof, wo besondere Feste gefeiert werden", erklärte der freundliche Student, während sie die hohe Treppe hinaufstiegen. Ganz oben angelangt, traten sie durch eine Tür und fanden sich auf einer großen Galerie in einer weiteren Halle wieder, in der einige Studenten dabei waren, ein riesiges Bild von der Decke abzuhängen. Im unteren Geschoß bauten andere gerade eine Bar auf. Die laute Musik hallte von allen Wänden. „Hier wird ständig etwas umgebaut. Komm, ich zeige dir unseren neuesten Zuwachs. Ein kleiner Pavillon ist es, der von einem unserer Professoren und einem Studenten geplant worden ist."

Pinsel betrachtete den kleinen Pavillon, dessen

Lichterkuppeln den Rundungen der Decke in der riesigen Halle ähnelten. Er wirkte leicht und sein schwarzes Gerippe passte gut zu dem Geländer der Galerie. „Darf ich da hineingehen?", fragte Pinsel. Er betrachtete die Studenten, die draußen auf- und abbauten, die großen Bogenfenster und den nigelnagelneuen Pavillon ganz genau. „Siehst du, Pinsel, wir winzigen Einbauten ermöglichen den Studenten das Arbeiten. Wir erwecken das alte Semperdepot zu neuem Leben", wisperte ein dünnes Stimmchen und kicherte lauter als man vermutet hätte. Und da verstand Pinsel, was ihm die Feuertreppe und der kleine Pavillon sagen wollten, und er ging hinüber zu dem freundlichen Studenten. „Ich muss jetzt leider gehen, weil ich mich mit meiner Freundin Paula versöhnen will." „Ist in Ordnung", sagte der, „aber du kannst uns jederzeit besuchen kommen. Hier ist immer was los." Draußen war es noch immer brütend heiß. Pinsel wanderte auf der verlassenen Straße in Richtung Ring, als plötzlich auch das alte Semperdepot selbst erwachte. „Einen freundschaftlich-väterlichen Ratschlag will auch ich dir geben. Es spielt keine Rolle, wie klein oder groß, jung oder alt etwas ist. Manche Dinge sind einfach unzertrennlich." Aber das hatte Pinsel ja schon begriffen.

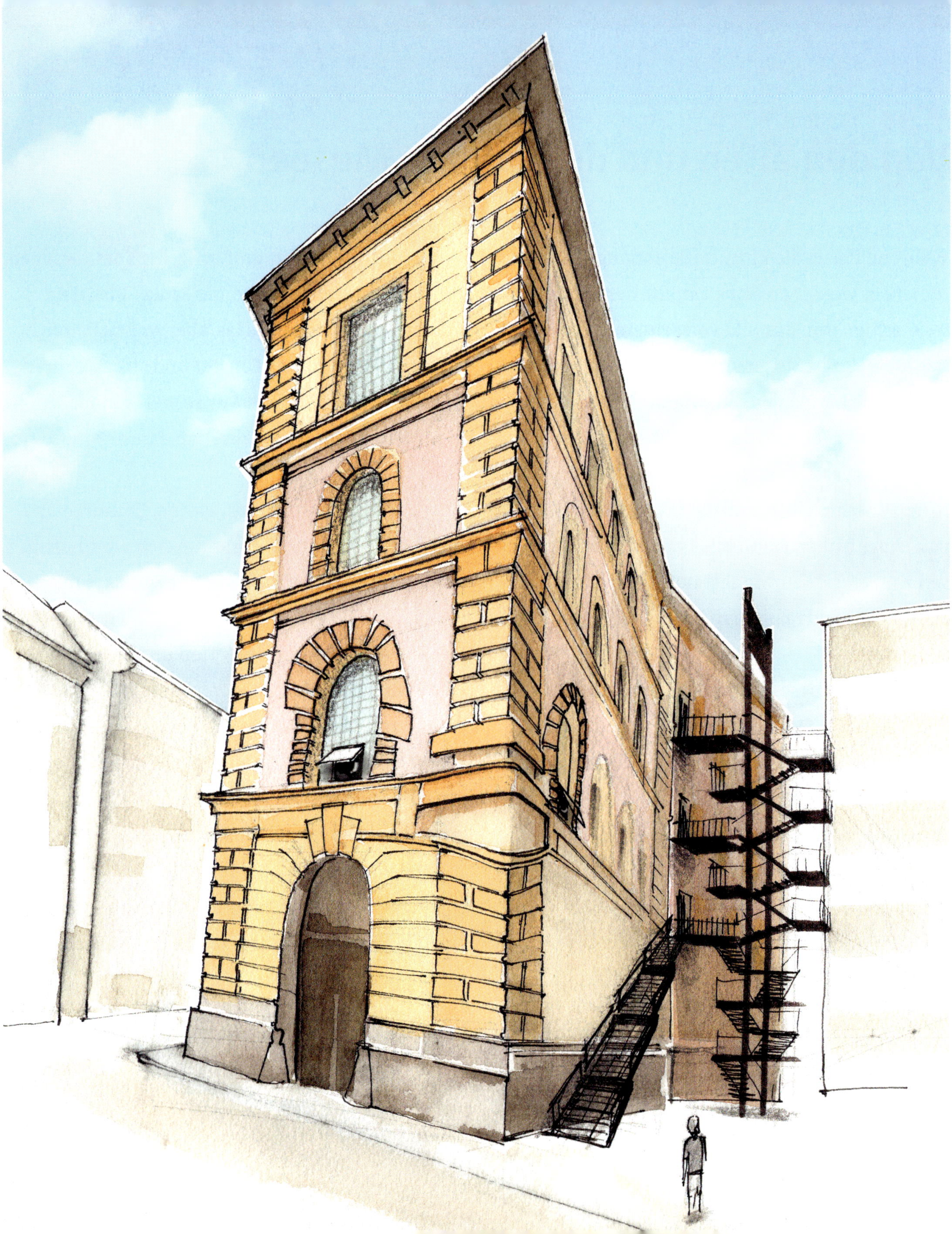

Von den alten und den jungen Museen

Während Pinsel die Ringstraße entlang schlurfte, musste er wieder an seine Familie denken. Als Erstes erschien ihm das Bild von seinem Bruder und wie klein der heute gewirkt hatte. Dann musste er an seine Mama denken, wie sie dasaß auf dem Bett und weinte, und dann dachte er an seinen Vater. Er wusste, dass der Bruder auch eine schwere Zeit durchmachte, und die Mama tat Pinsel sehr Leid. Aber früher, wenn alles ganz schlimm gewesen war, wusste zumindest immer der Papa, was zu tun war, und heute hatte er sich nicht einmal umgedreht.

Es begann zu nieseln. Pinsel hatte es anfangs gar nicht gemerkt. Der Geruch des warmen Asphalts vermischte sich mit dem Duft des feuchten Grases. „Ich liebe Sommerregen", hatte Paula gesagt.

Pinsel blieb stehen. Er schloss die Augen, breitete die Arme aus und atmete tief durch. Das leise Geräusch der Tropfen verwandelte sich in ein Trommeln. In Musik. Pinsel patschte in eine der kleinen Lacken. Das Wasser spritze ihm bis zu den Knien. Er hüpfte von Pfütze zu Pfütze, ja Pinsel vollführte einen richtigen Regentanz.

Sie hatte Recht. Er war großartig, der Sommerregen. Was sie jetzt wohl machte, die Paula? Vielleicht schlief sie schon oder sie las, aber wahrscheinlich öffnete sie gerade das Fenster und streckte ihren Kopf mit der komischen Mütze weit hinaus, um dem Naturspektakel zuzusehen. Pinsel konnte sie sich gut vorstellen.

Und plötzlich begann er zu laufen. Er rannte und rannte und rannte. Ja, er rannte sich wahrhaftig die Seele aus dem Leib, bis er vor Paulas Haus stand.

Paulas Fenster stand weit offen und sie selbst schaute fasziniert dem Regen beim Fallen zu. Sie war so gefesselt, dass sie Pinsel nicht gleich bemerkte. Bis auf die Mütze war alles genau so, wie Pinsel es sich ausgemalt hatte.

„Was machst denn du da, Pinsel?", schrie sie freudig verwundert, als sie ihn entdeckte.

„Ich weiß nicht ... ich wollte dich sehen", rief er zurück. Man musste schreien, denn das Prasseln verschluckte jedes andere Geräusch.

„Bist du verrückt, Pinsel? Komm rauf, sonst wirst du noch ganz krank!"

„Verrückt? Paula, du bist doch die Verrückte von uns beiden und du liebst doch den Regen! Also komm du doch runter und schau ihn dir mit mir an!"

Sie zögerte, aber wir wissen wohl alle, was sie dann tat. Genau. Beim Hinausgehen schnappte sie sich ein Buch, die Mütze und den Parka und dann polterte sie geräuschvoll die Stufen hinunter.

„Und was jetzt?", fragte sie, als sie vor ihm stand. Sie war so nah, dass Pinsel die Wärme ihres Atems auf seiner Nase spürte. Sie roch nach Erdbeeren. „Paula, ich wollte mich bei dir ...". „Ach", sie zwinkerte. „Schon vergessen." Sie breitete die Arme aus und drehte sich zweimal im Kreis. „Einmal zum Ring und wieder zurück?", fragte sie. „Laufen? Laufen ist gut", antwortete Pinsel, denn irgendwie hatte er sich noch nicht genug verausgabt. „Aber um die Wette", fügte Paula hinzu.

Und so liefen sie. Kurz bevor sie den Ring erreichten, war Pinsel so erschöpft, dass die beiden eine Verschnaufpause einlegen mussten. Sie standen auf dem Platz zwischen dem Kunsthistorischen und dem Naturhistorischen Museum, wo alle Büsche wie große grüne Kugeln und Zylinder aussehen. Pinsel kannte diesen Ort gut, denn er war mit seinem Vater dort oft in einer Ausstellung gewesen. Mittlerweile regnete es nur noch ein bisschen. Paula und Pinsel waren die einzigen Menschen auf dem Platz. Da sie ohnehin völlig durchnässt waren, spielte es auch keine Rolle mehr, dass sie sich auf die eisig kalten Steinstufen des Naturhistorischen Museums setzten.

„Meine Eltern haben sich heute auch gestritten, Paula. Das war so traurig, dass sogar mein Bruder ganz still geworden ist. Sie werden sich trennen, die Mama und der Papa. Weißt du, ich kann mir das gar nicht vorstellen ohne den Papa. Paula, irgendwie habe ich Angst."

Es war erleichternd, Paula endlich alles zu erzählen. Pinsel rückte ein Stückchen näher und ließ den Kopf an ihrer Schulter ruhen. Liebevoll legte sie die warme Hand auf sein Gesicht. „Pinsel, du weißt, ich habe meistens einen Rat oder zumindest einen guten Einfall, aber die Erwachsenen verstehe ich auch manchmal nicht. Schau dir doch mal meine Eltern an; die arbeiten den ganzen Tag und kümmern sich gar nicht darum, wo ich bin und was ich mache. Warum glaubst du, lese ich denn so gerne? Natürlich macht es mir Spaß, aber diese bunten Geschichten faszinieren mich manchmal schon besonders, weil ich dabei in einer ganz anderen Welt sein darf."

Sie hielt inne und dann schaute sie Pinsel lange ganz fest an. „Du musst mir jetzt eine Sache versprechen, Pinsel: Versprich mir, dass wir zwei nie solche Erwachsenen werden. Versprich mir, dass wir nie vergessen, wie das war." „Wie was war?", fragte Pinsel. „Na ja, wie es war, wie es jetzt ist. Versprich mir einfach, dass du es nicht vergisst." In Paulas Augen lag eine große Ernsthaftigkeit. „Ich verspreche es dir", sagte er. „Gut, ich verspreche es dir auch. Ehrenwort." Sie hielt ihm die Hand hin. Und genau in diesem Moment fingen die Häuser wieder an zu plaudern.

„Er braucht unsere Hilfe", erschallte es da ganz schrill über den großen Platz. „Kannst du sie wirklich nicht hören, Paula?" Paula schaute Pinsel traurig an. „Sie sprechen wieder mit dir, oder? Nein, ich kann sie nicht hören, aber ich würde es gerne können. Aber ich glaube dir jetzt. Ich habe im Buch der Hofburg einiges nachgeprüft und du hast mir die Wahrheit erzählt. Aber was sagen die Häuser denn?" „Sie glauben, dass ich ihre Hilfe benötige." „Das glaube ich auch, denn heute weiß auch ich keinen Rat."

„Sieh uns an, ich bin die große Geschichte der Kunst und mein Partner ist der Hüter der Natur. Wir beide wurden nach einem künstlerischen Plan unter genauer Berücksichtigung der Symmetrie entworfen und gebaut vor vielen, vielen Jahren. Wir gleichen uns. Wir sind für einander geschaffen. Wir sind zwar Teil eines großen Ganzen, des Kaiserforums, aber das ist bis heute nur teilweise vorhanden. Wir beide sind für einander bestimmt, wie zwei Liebende."

„Ja, ja, ganz exakt. Unsere Gestalt basiert auf einer in Anlehnung an die Antike konzeptionierten, streng geometrischen Formgebung. Wie ihr sehen könnt, gleichen wir einander und sind Teil eines großen Ganzen, nämlich des Kaiserforums. Das Kaiserforum war ein geniales Projekt, das über viele Jahre hinweg entwickelt wurde. Weil es aber nie ganz fertig gestellt werden konnte, haben wir uns nie vollständig gefühlt", fügte das Naturhistorische Museum in einer belehrenden Art und Weise mindestens zwei Oktaven tiefer als seine kunsthütende Partnerin hinzu.

Kaiserforum, Symmetrie ... Pinsel verstand die Museen nicht. „Ihr verwirrt mich", sagte er laut. „Was erzählt ihr denn da? Das hat doch überhaupt nichts mit meinem Problem zu tun!"

Paula blätterte in ihrem Buch über die Hofburg. „Was erzählen die Museen dir denn?", fragte sie interessiert.

„Sie erzählen von einem Kaiserforum und von Symmetrie und Unvollständigkeit."

„Vielleicht kann ich dir das erklären. Schau mal, Pinsel", rief sie fröhlich und tippte mit dem Finger auf die aufgeschlagene Seite des Buchs. „Da steht es: Das Kaiserforum war ein städtebauliches Großraumprojekt unter genauer Berücksichtigung der Symmetrien und sollte sich bis hin zum heutigen Volksgarten und zur Hofburg ausbreiten. Baulich umgesetzt wurden aber nur das Kunsthistorische und das Naturhistorische Museum. Während des Ersten Weltkriegs wurden die Arbeiten niedergelegt und danach nie wieder aufgenommen", las sie laut vor.

„Und was ist eine Symmetrie?", wollte Pinsel wissen. „Symmetrie bedeutet, dass die eine Seite der anderen genau gleicht. Wenn man zum Beispiel einen Spiegel mit der Kante auf eine Zeichnung hält und dann von der Seite hineinsieht, sieht man in ihm ein Abbild der Zeichnung, gespiegelt eben. Und so ist das auch mit den Museen. Sie gleichen einander, sie sind Spiegelbilder, sie sind eben symmetrisch", erklärte Paula.

„Exakt", bekräftigte das Naturhistorische Museum. „Ja, aber was hat denn das mit meinem Problem zu tun?", rief Pinsel verzweifelt.

„Da wir, der Naturbeschützer und ich, eigentlich nur ein Teil eines ganzen Museumsviertels sind, haben wir uns immer ein bisschen unvollkommen gefühlt. Vor wenigen Jahren ist dann endlich etwas passiert. Unsere Museumsgemeinschaft wurde um zwei kleine Museen erweitert. Sie heißen Leopold und Ludwig, mit Spitznamen MUMOK. Da drüben sind sie, hinter den alten Stallungen, könnt ihr sie sehen?

„Wie?", wunderte sich Pinsel und zog die rechte Augenbraue hoch. „Leopold und Ludwig: Das sind doch Bubennamen. Was soll das bedeuten, Paula?" „Also, ich weiß ja nicht genau, worüber ihr sprecht, aber mit Leopold kann wohl nur das Museum Leopold gemeint sein, das weiße Gebäude

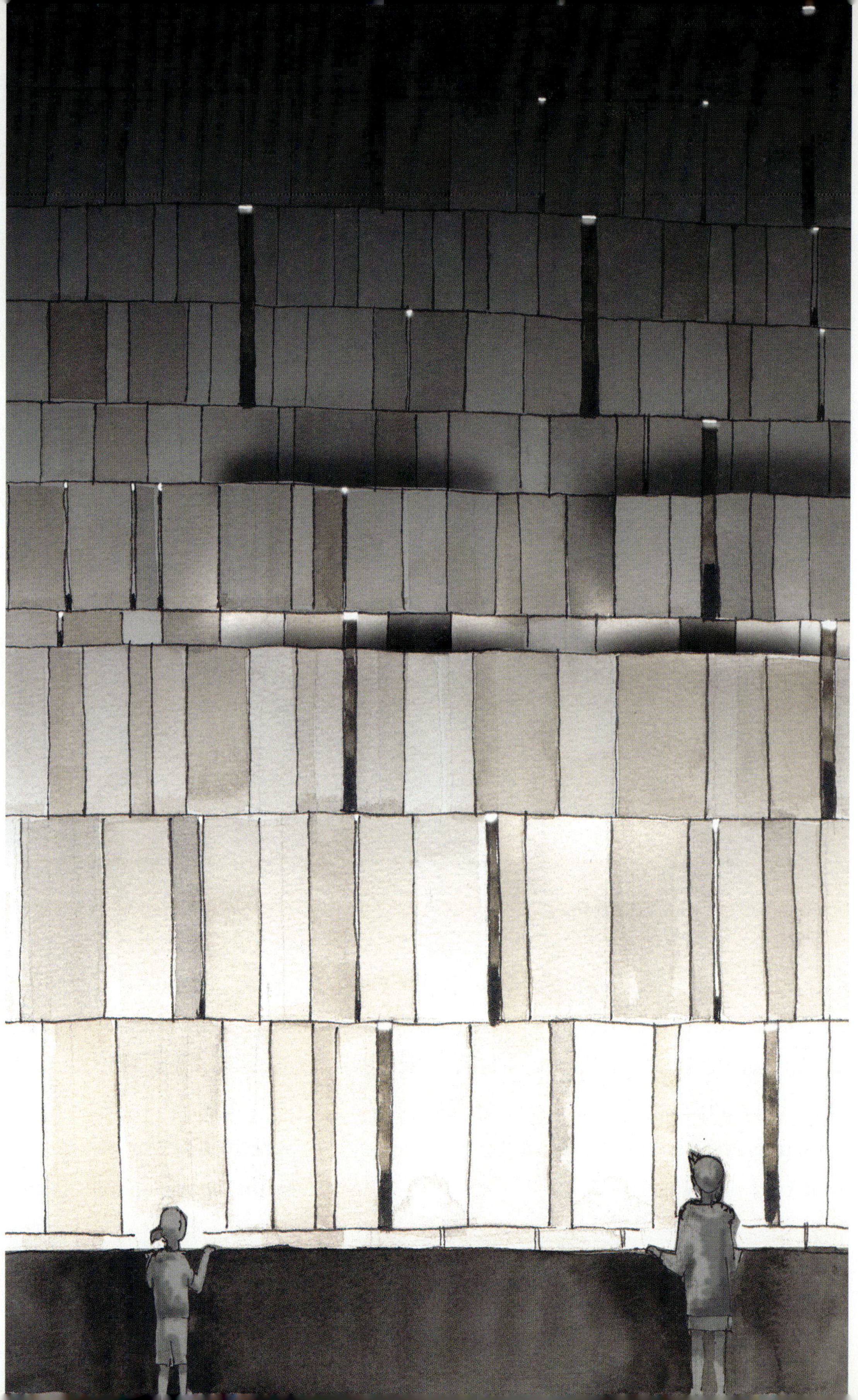

dort hinter den Dächern. Es heißt Leopold, weil ein Herr Leopold dem Museum all die Bilder zu Verfügung gestellt hat, die man heute dort ansehen kann. Das schwarze Bauwerk ist die Sammlung Ludwig, besser bekannt als MUMOK – das MUseum für MOderne Kunst. Ich kenne die Museen gut, weil ich oft ins Kindertheater gehe oder in der Bibliothek im Architekturzentrum Wien lese, dort gibt es alle Bücher über Häuser, die man sich vorstellen kann."
„Sie ist so ein gescheites kleines Mädchen", sagte das Kunsthistorische zum Naturhistorischen Museum. „Wie Leopold, jung, aber sehr interessiert", bemerkte das Naturhistorische Museum. „Die Wissenschaft, die über Kunst, Religion und Recht nachdenkt und deren Kultivierung sollen immer die Grundlage einer gelehrigen Jugend sein. Zudem habe ich durch das mir eigene Traditionsbewusstsein trotz meines geringen Alters schon einen ganz fixen Standpunkt in diesem Museumsquartier gesichert", näselte Leopold, das weiße Gebäude, über die Dächer herunter.
„Leopold orientiert sich an uns. Er ist aus dem gleichen Muschelkalkstein gehauen wie wir. Der geniale Funken des Forums ist sozusagen über die Dächer hinweg auf ihn übergesprungen. Er folgt unserer Tradition. Sogar sein Grundriss richtet sich ganz nach dem unseren aus. Nur MUMOK stellt sich quer", erzählte das Kunsthistorische Museum stolz über den neuen weißen Zuwachs. „MUMOK muss noch ein bisschen wachsen. Seine schwarzen Fassaden-Täfelchen, die nach oben hin immer größer werden, sind eben auch ein Sinnbild für Wachstum", fügte das Naturhistorische Museum hinzu.
Plötzlich erwachte auch das verträumte schwarze Würfelchen. „Servus Pinsel! Hallo Paula", grüßte es mit seiner klaren, theatralischen Stimme. Pinsel hatte aufgehört sich darüber zu wundern, dass die Häuser ihre Namen kannten.
„Ich werde euch jetzt einmal erklären, worum es hier geht. Es ist ganz einfach:
Die Jugend muss quer denken, sie muss brennen. Leidenschaft, Romantik, Kunst, Krieg – das sind heiße Dinge, sie sind der Stoff, aus dem die Träume gemacht sind. Gerade deshalb ist meine Fassade so schwarz wie die Kohlen eines inbrünstigen Feuers. Sie besteht ganz aus dem Gestein eines ausbrechenden Vulkans. Ich bin das Gegenstück zu Leopold, dessen weißer Stein vor vielen Jahren auch für das Naturhistorische und das Kunsthistorische Museum verwendet wurde. Aber deren Stein ist im Regen der Gezeiten verwittert, sodass er

an manchen Stellen fast so schwarz ist wie meiner. Ich hebe mich von den anderen ab, das muss ich, denn ich stelle die jüngsten, neuesten Werke der Künstler in meinem Inneren aus!"

Auch das MUMOK spricht seltsam, dachte Pinsel. Aber zumindest malte es mit den großen Worten farbige Bilder. Und Bilder, das wissen wir, konnte sich der Pinsel immer gut vorstellen.

„Du brauchst dich doch gar nicht verteidigen, MUMOK!", meldete sich da wieder Leopold. „Dein abgerundetes Dach erklärt ja, dass du noch ein bisschen Zeit und Platz zum Wachsen hast. Denn ist es nicht unsere Unterschiedlichkeit, die uns so anziehend macht? Ich könnte doch ohne dich als verkehrtes Spiegelbild gar nicht existieren und du ohne mich ebenso wenig."

„Da gebe ich dir Recht, Leopold. Wir sind entgegengesetzte Fixsterne, die ein großes lebendiges Universum eröffnen. Wir sind gegensätzliche Pole in diesem Museumsfeld. Wir stehen uns zwar nah, sind aber gleichzeitig so fern. Du weiß, ich schwarz, du eckig, ich abgerundet, du auf der Achse der alten Museen erbaut und ich stelle mich quer."

„Pinsel, ich habe Durst", maulte Paula und stupste ihn an, so wie sie es immer tat. „Können wir nicht hinüber zum Museumsquartier gehen und was zu trinken holen?"

Als sich Paula und Pinsel von den kalten Stufen erhoben, sagte Leopold gerade: „Junge und ältere Menschen kommen zu jeder Tages- und Nachtzeit zu diesem spannenden Platz zwischen uns, um etwas zu essen oder zu trinken. Natürlich interessieren sie sich auch für deine jugendliche oder meine mittlerweile traditionelle Kunst, aber meistens halten sie sich viel länger auf dem Platz auf. Ganz besonders freut es mich, wenn sie klassische Konzerte oder Theaterstücke besuchen."

„Ja, aber du musst zugeben, dass die Jungen schon eher zu einer Modenschau oder zum Tanzen unter dem freien Himmel hierher kommen. Es ist überwältigend, wie vielfältig das Programm am Platz ist", ergänzte MUMOK vergnügt.

Die Wolken waren abgezogen und man konnte nun die Sterne sehen. Obwohl ihre Kleider noch immer feucht waren, war ihnen nicht kalt. Als sie durch das Hauptportal auf den geschützten Museumsplatz taten, wurde Pinsel klar, was Leopold und MUMOK gemeint hatten. Obwohl es gerade erst zu regnen aufgehört hatte und es schon sehr dunkel war, tummelten sich viele Leute auf dem Platz. Überall leuchteten farbige Lichter und die Schirme der Restaurants waren aufgespannt. Nachdem sie sich einen Saft an einem der Stände geholt hatten, Paula durfte natürlich bestellen, ergatterten sie einen Platz auf den großen, bunten, gemütlichen Sitzgelegenheiten.

Nachdem Paula gewissenhaft die letzten Wassertröpfchen mit dem Ärmel abgewischt hatte, ließen sie sich dort nieder. Sie kauerten sich nebeneinander und schauten ein Weilchen in die Sterne.

„Weißt du, Paula, die Museen haben mir viele interessante Geschichten erzählt, aber ich weiß noch immer nicht, was das mit meinem Problem zu tun hat."

„Was wir mit unserer Geschichte sagen wollen, ist, dass das Bauwerk für die Natur und ich zwar immer schon als Museumsviertel gedacht waren, aber dass wir erst durch unseren Zuwachs, durch Leopold und MUMOK, ein richtiger Salon für die Kunst geworden sind", säuselte das Kunsthistorische Museum. „Jetzt sind wir eine eigene kleine funktionierende Stadt, ein eigenes Netzwerk im Netzwerk der Stadt", fügte das Naturhistorische Museum an. „Durch meine großzügigen Fenster habe ich immer eine Sichtbeziehung zu den alten Museen und orientiere mich an ihnen. MUMOK kann das wegen seiner kleinen Fensterschlitze nicht. Das ist aber auch gut, denn so bleibt er in unserer Gemeinschaft doch immer ein Querdenker", erklärte Leopold, und MUMOK ergänzte: „Ich weiß, dass ich ein fixer Teil unserer Gemeinschaft bin, aber es ist wichtig, manchmal ein wenig anders zu sein als die anderen. Das macht es erst richtig spannend."

„Ich fühle mich auch manchmal anders als die

anderen", dachte Pinsel laut, „aber was hat das mit meinem Problem mit Mama und Papa zu tun?"
„Obwohl wir sprechen können, gibt es kleine Unterschiede zwischen Menschen und uns Häusern, Pinsel. Wir sind gebaute menschliche Ideen, können daher wie für einander gemacht sein. Um nicht zu sagen: Perfekt für einander sein. So wie das Naturhistorische Museum und ich. Wir leben lang und bleiben an einem Ort, bis in alle Ewigkeit, wenn du so willst. Menschen aber ergänzen sich, sie passen manchmal sehr gut zueinander und sie haben sich lieb. Aber das höchste menschliche Gut ist die Freiheit. Und manchmal ist es nicht das Beste für die Menschen, wenn sie für immer zusammen an einem Ort bleiben. Oft haben sie sich noch immer sehr lieb, aber sie brauchen ein bisschen Abstand zueinander." Pinsel gab es einen großen Stich ins Herz bei der Vorstellung, dass

Papa ein bisschen Abstand brauchte. „Meint ihr damit, dass mein Papa Abstand braucht?", frage er, und er merkte, wie ihm die Tränen in die Augen schossen. „Nein", sagten da alle vier Museen wie aus einem Mund. „Sogar für uns sind die Jungen das allergrößte Glück", betonte das Kunsthistorische Museum. Und das junge MUMOK ergriff das Wort. „Weißt du, Pinsel, Menschen können sich vielleicht von einander räumlich entfernen. Das können wir Häuser nicht. Aber es gibt eine andere Sache, die Menschen und Häuser gemeinsam haben: Eine Familie bleibt eine Familie, egal was passiert und wie weit dein Papa weg sein mag, er hat dich unbeschreiblich lieb. Eine Familie ist durch ihre eben so menschliche Zuneigung so fest miteinander verbunden, dass sie sich nie verlieren kann." Paula hatte Pinsel ganz fest in die Arme genommen, als sie bemerkt hatte, wie traurig er war. Sie wiegte ihn hin und her und streichelte seinen Kopf. Er weinte. Es war gut, in Paulas Armen zu weinen.

Als er sich ein bisschen beruhigt hatte, wandte er noch einmal den Kopf nach oben zu den Häusern und schniefte: „Versprecht ihr mir, dass ich meinen Papa nie verlieren werde?" Und sie versprachen es. Alle vier. „Menschen, die sich lieb haben, sind für immer miteinander verbunden. Bis in alle Ewigkeit", sagte das Naturhistorische Museum. Es konnte doch in klaren Sätzen sprechen, wenn es wichtig war.

„Ja, und noch eine Sache, Pinsel!", flüsterte das Kunsthistorische Museum: „So anders MUMOK auch ist, wir würden uns sehr unvollständig fühlen, wenn er nicht bei uns wäre. Denn nur ein Gegensatz erzeugt Spannung!

Und nun meine ich, es wird Zeit für euch, nach Hause zu gehen, denn deine Eltern machen sich ganz bestimmt schreckliche Sorgen." „Das stimmt wohl", gab Pinsel zu. Und er wandte sich zu Paula, um mit ihr den Heimweg anzutreten. Erst jetzt fiel Paula auf, dass sie ihr Hofburg-Buch am anderen Museumsplatz auf den Stiegen vergessen hatte. „Ich muss noch mein Buch holen gehen, Pinsel. Ich hab es liegen gelassen. Wartest du hier auf mich und dann gehen wir zu mir, ja?", fragte sie besorgt. „Sicher", murmelte er.

Als Paula davonging, bemerkte Pinsel, dass ihr die Mütze ein paar Meter weiter aus der Tasche gefallen war. Er hob sie auf und verbarg sie unter seinem Pullover.

Irgendwie war ihm jetzt leichter. Er beobachtet die anderen Menschen auf dem Platz.

Während sie alle dagesessen, gelacht, getratscht und gegessen hatten, war er der einzige Mensch gewesen, der die plaudernden Häuser hören konnte. Weit und breit. Er alleine hatte die ältesten und weisesten Wesen als Ratgeber und Freunde und das beruhigte Pinsel und es machte ihn ein bisschen stolz.

Paula dachte inzwischen nur an ihren kleineren Freund. Sie fühlte mit ihm und es tat ihr Leid, dass sie ihn nicht trösten konnte. Außerdem war sie traurig darüber, dass sie sich am Nachmittag gestritten hatten und dass das Schuljahr so bald zu Ende gehen würde. Sie hätte es nie zugegeben, aber mit der Zeit war ihr Pinsel so ans Herz gewachsen, dass sie sich gar nicht vorstellen konnte, einen Tag ohne ihn zu sein. Sie brauchte ihn so sehr wie er sie.

Sie hob das Buch auf, steckte es in die rechte Tasche ihres Parkas und machte sich auf den Rückweg.

„Passt auf einander auf", verwundert blieb Paula stehen und schaute sich um. „Ach", sagte sie halblaut, „nur das Rauschen des Windes in den Bäumen." Und schüttelte den Kopf.

Sie bemerkte nicht, dass es völlig windstill war. Als sie die Wohnungstüre aufschlossen, saßen zu Pinsel und Paulas Verwunderung nicht nur Paulas Eltern, sondern auch die von Pinsel am Küchentisch. Sogar Pinsels Bruder war mitgekommen. Die Mutter stürzte auf Pinsel zu und umarmte ihn ganz lange und fest. „Gott sei Dank ist euch nichts passiert. Wir haben uns solche Sorgen gemacht. Ihr dürft nie wieder einfach weglaufen."

Auch Paulas Eltern waren erleichtert, Paula froh und munter wieder zu sehen.

Im Auto klopfte der Bruder dem Pinsel auf die Schulter und sagte: „Super, dass du wieder da bist. Wen soll ich denn ärgern, wenn ich dich nicht hab?" Und als er den strengen Blick der Mutter sah, fügte er schnell hinzu: „Nein, ehrlich, tut mir Leid, dass ich gemein zu dir war", und Pinsel fand ihn richtig nett. Der Vater hinter dem Steuer reichte die offene Hand über den Kopf nach hinten und Pinsel legte seine darauf. Seit er denken konnte, war das ein Zeichen gewesen, dass im Grunde alles in Ordnung war. Am Ring kurbelte Pinsel das Fenster hinunter und hielt das Gesicht hinaus. „Gute Nacht, ihr Häuser", rief er in den Fahrtwind, aber niemand antwortete ihm.

Von Paula und Pinsel

Mit den Zeugnissen in der Hand standen Pinsel und Paula vor der Schule. Es war ein wunderschöner warmer erster Ferientag. Pinsel fiel es nicht leicht, von Paula Abschied zu nehmen nach all den wundersamen Dingen, die sie in den letzten Wochen miteinander erlebt hatten. Umso mehr erstaunte es ihn, als Paula nur kurz „Schöne Ferien, Pinsel" in sich hineinmurmelte und dann schnell ihrer Wege ging. Pinsel blieb verdutzt auf dem leer gefegten Vorplatz der Schule stehen.

Kurz bevor Paula am Ende der Straße abbiegen sollte, begann Pinsel zu laufen. Er rannte, bis er Paulas Silhouette am Ende des U-Bahntunnels erkannte.

„Paula", schrie er. Langsam drehte sie sich um, so als hätte sie ihn erwartet. Ihr Gesicht erhellte sich. Als sie auf ihn zuging, wischte sie sich verstohlen eine Träne aus dem linken Auge.

„Na, vermisst du mich jetzt schon?", fragte sie, als er vor ihr stand und grinste, in ihrer gewohnten Leichtigkeit. „Ja", antwortete Pinsel und seufzte. „Ich wollte dir nur sagen, dass du mir fehlen wirst." „Ich werde dich auch sehr vermissen, Pinsel, aber wir sehen uns ja in einem Monat wieder und dann haben wir alle Zeit der Welt, um uns in der Stadt herumzutreiben." „Und du wirst auch sicher keinen neuen Gefährten finden, wenn ich nicht da bin?", fragte Pinsel.

„Du bist für mich durch niemanden zu ersetzen, das weißt du doch, Pinsel", sagte Paula.

Pinsel beugte sich vor und umarmte sie. Ziemlich lang. „Ich habe deine Mütze gefunden." „Wie", fragte Paula, „habe ich sie verloren?" „Ja, aber ich werde sie behalten." „Weil sie so extravagant ist?" Sie lächelte. „Nein, weil sie von dir ist, weil sie mir das Gefühl geben wird, dass du ein bisschen da bist, wenn du nicht da bist."

Dann wandten sie sich um. Pinsel ging dahin und Paula dorthin. Und als er ein letztes Mal zurückschaute, trafen sich ihre Blicke. Pinsel zog seinen Mund mit zwei Fingern zu einem Lächeln und Paula winkte.

Und hier endet unsere Geschichte. Die Geschichte von Pinsel, Paula und den plaudernden Häusern. Eine Geschichte über Wien.

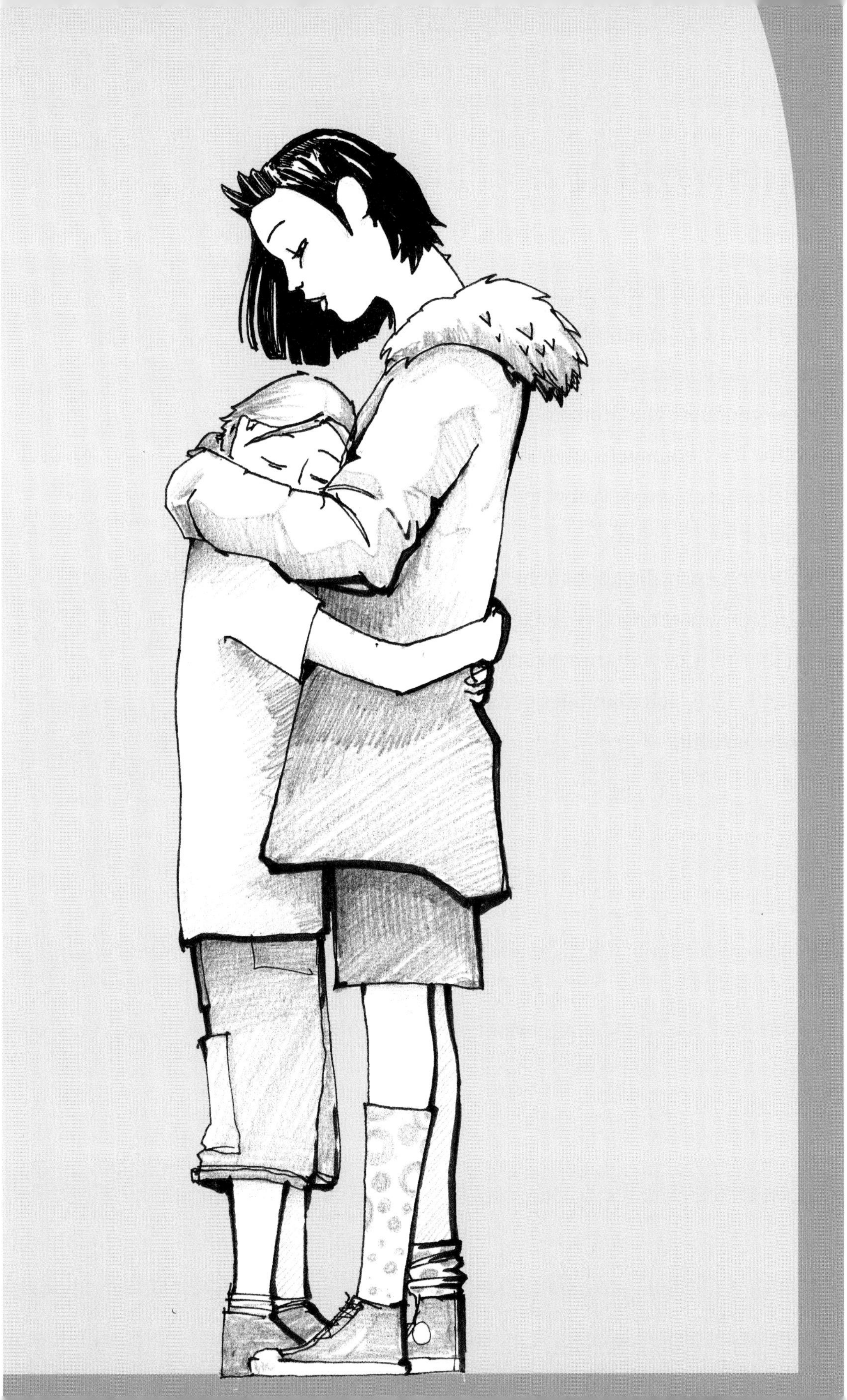

Paula erzählt

Da ich schon ein Buch von der Hofburg während meiner wundersamen Abenteuer mit Pinsel bekommen habe, wollte ich auch über die anderen Häuser genauere Nachforschungen anstellen. Dabei habe ich herausgefunden, dass Pinsels phantastische Geschichten von vorn bis hinten der Wahrheit entsprechen.

Für alle von euch, die noch mehr über die plaudernden Häuser wissen wollen, habe ich zu den jeweiligen Kapiteln kleine Anmerkungen gemacht! Ansonsten hat sich aber alles genauso zugetragen wie hier erzählt.

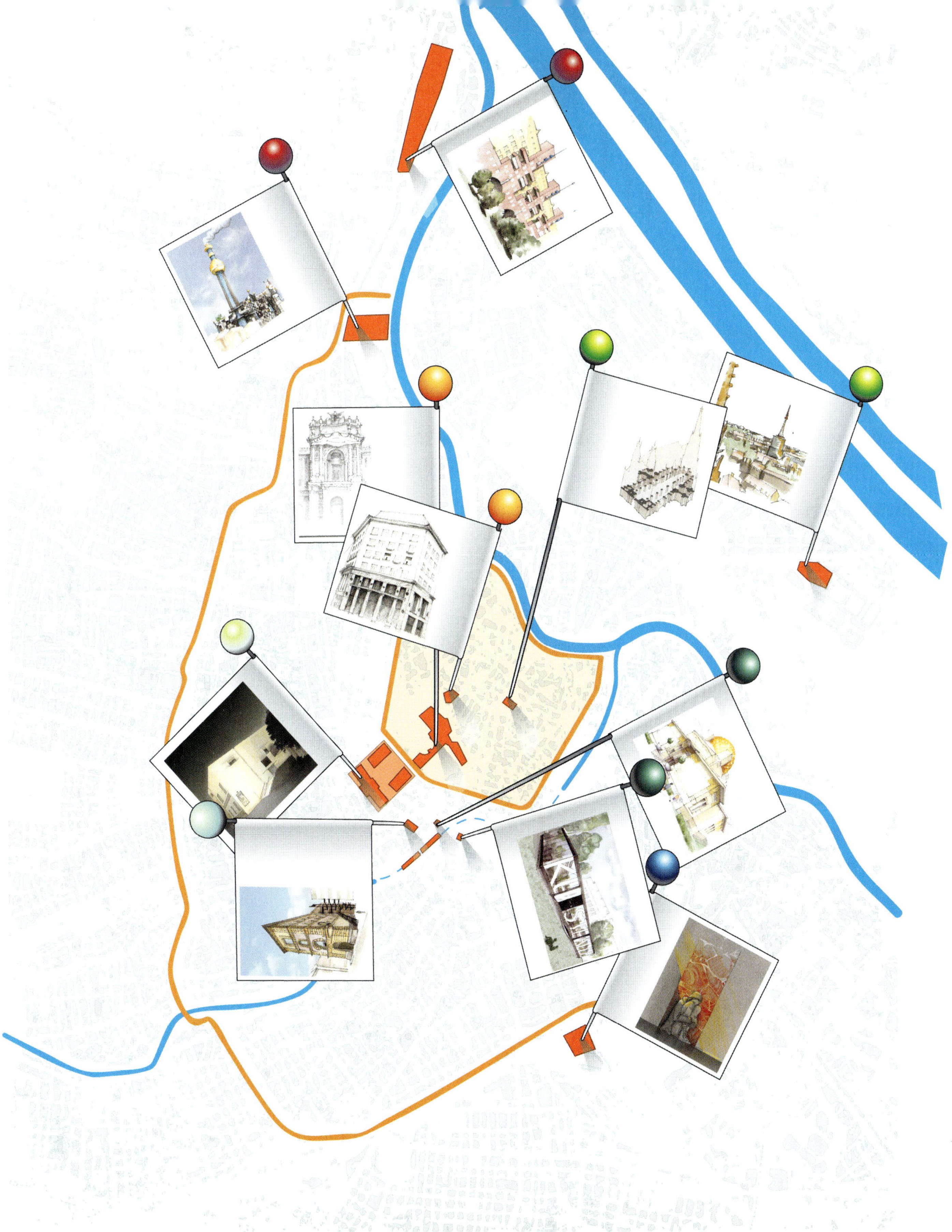

Romanik (900 – 1250 n. Chr.) und
Gotik (1200 – 1500 n. Chr.)
Der Wiener Stephansdom

Der Stephansdom ist ein Gebäude aus dem Mittelalter. Die vorherrschenden Baustile für Kirchen im Mittelalter nennt man Romanik und Gotik. Da sich die Arbeiten an Kirchen mitunter sehr lange hinziehen konnten, im Falle des Stephansdoms über zweihundert Jahre, vermischten sich diese Baustile.

Ein Kennzeichen der Romanik sind massive, also sehr dicke Steinmauern. Durch die Schwere der Mauern war es kompliziert, größere Fensteröffnungen zu bauen. Außerdem waren Torbögen und Fenster großteils rund.

Die große Errungenschaft der Gotik ist die Kenntnis der Menschen über die Abtragung der Lasten. Es stellte sich heraus, dass ein spitzes Fenster oder ein Spitzbogen das Gewicht einer Mauer viel besser aufnehmen können. So wurden auch die Steinwände dünner und dieses Wissen eröffnete auch die Möglichkeit, höher zu bauen. Es entstanden riesige Fenster- und Türöffnungen und hohe spitze Türmchen. Die Innenräume wurden heller und bunter.

Renaissance (1492 – 1650)

Das Wort Renaissance bedeutet auf Deutsch Wiedergeburt. Nach dem Mittelalter, in dem die Kirche das Maß aller Dinge ist, konzentriert man sich in der Renaissance wieder auf den Menschen. Nicht die Erde, wie fälschlich vermutet, sondern die Sonne wird als Mittelpunkt des Sonnensystems erkannt, der Mensch wird zum Mittelpunkt der Erde.

Baumeister orientieren sich an den alten Griechen und Römern, sie vermessen deren Säulen und Statuen genau und bauen sie in die Gestaltung der neuen Gebäude ein. So erinnern manche Fassaden an antike griechische Tempel. Horizontale Linien prägen das Erscheinungsbild, um die Weltlichkeit des Gebäudes zum Ausdruck zu bringen. Im Gegensatz zur Gotik, deren Kirchtürme hoch in den Himmel ragen, soll der neue Stil Menschen wieder näher sein. Man legt mehr Wert auf die Wohnhäuser und deren Bewohner.

Barock (1600 – 1720)

Barock kann als der Stil der Herrscher und der Kirche bezeichnet werden. Daher sind Gebäude, die aus dem Barock stammen, wie auch Teile der Hofburg, aufwändig geschmückt. Am Dekor arbeitete der Architekt oft mit anderen Künstlern zusammen. Bildhauer fertigten riesige Statuen an, Maler schufen Bilder und Fresken.

Um Kaisern, Königen und Bischöfen gerecht zu werden, sind nur die besten Materialien wie Gold und Marmor gut genug.

Das Barock ist außerdem die Epoche der herrschaftlichen Brunnen und Gärten. Bäume und Hecken werden zu geometrischen Formen oder zu Mustern zurecht geschnitten. Lange gerade Wege führen im Barock durch die künstliche Gartenlandschaft. Diese eingeschriebenen Linien nennt man Achsen. Sie stehen für die göttliche Ordnung der Dinge, die man auch in jedem barocken Bauwerk wieder finden kann.

Klassizismus (1750 – 1830) und
Historismus (1820 – 1910)

Der Klassizismus und der Historismus sind neue Kunstformen im 18. und 19. Jahrhundert. Sie bedienen sich aber der Formensprache früherer Stile. Der Klassizismus konzentriert sich vor allem auf die Architektur der alten Griechen und Römer. Im Vergleich zum Historismus wird weniger dekoriert, die Gebäude erinnern an antike Tempel.
Im Historismus kommen weitere Elemente aus Romanik, Gotik und Renaissance hinzu. Verschiedenste Stile werden in einem Gebäude vereint, antike Formensprache wird vermischt zu einem neuen Stil.

Das Kaiserforum

Das Wiener Kaiserforum ist von der Idee des römischen Forums, dem „Forum Romanum", abgeleitet. Im alten Rom war das Forum der zentrale und wichtigste Platz der Stadt. Um die Macht der Kaiser zu demonstrieren, entstanden Kaiserforen. Sie sind riesige, meist symmetrische Gartenanlagen, die verschiedenste Gebäude und Tempel beherbergen.

Jugendstil (1895 – 1910)

Der Jugendstil folgt auf den Historismus. Die Vertreter des Jugendstils sind besonders darauf bedacht, einen ganz neuen Stil zu prägen. Dabei spielt die Wahl der Materialien eine zentrale Rolle. Der Jugendstil verwendet daher Glas, Stahl und Beton. Die Architekten weigern sich, Elemente der Vergangenheit wiederzuverwerten. Das Geld für große Paläste ist nicht mehr vorhanden, deshalb werden einfachere Häuser gebaut, die vergleichsweise kahl erscheinen. Um dem Gebäude aber einen eigenen Charakter zu geben, werden an wichtigen Stellen Verzierungen angebracht. So kommt es, dass Eingänge, Fenster und Dachkanten mit Naturmotiven geschmückt sind. Sie geben der nüchternen Fassade eine romantische Note.
Der Jugendstil gilt lange Zeit als revolutionäre Kunstform.

Moderne (1910 – 1970)

In der Moderne gelangen Architekten zur absoluten Schlichtheit. Die Fassaden der Gebäude sind betont schmucklos. Der Zweck eines Gebäudes steht im Mittelpunkt und bestimmt dessen Form. Dekor tritt in den Hintergrund bzw. verschwindet gänzlich. Glas, Backstein, Beton und Stahl werden ungeschmückt gezeigt. Der Gedanke „form follows function", auf Deutsch: die Form folgt der Funktion, wird zur zentralen Idee. Das Looshaus am Michaelerplatz ist heute zum Paradebeispiel der modernen Idee geworden.

Wiener Gemeindebau (1924 bis heute)

Zwischen dem Ersten und dem Zweiten Weltkrieg herrscht in Wien eine große Wohnungsnot. Die Wohnungen sind zu klein für die Anzahl ihrer Bewohner, Toiletten und Wasser gibt es nur auf den Gängen. Die Wiener Stadtregierung ist gezwungen, in möglichst kurzer Zeit möglichst viele Wohnungen zu schaffen, um vor allem für die Arbeiter die Lebensqualität zu verbessern. So werden zwischen 1924 und 1934 64.000 Wohnungen gebaut, in denen 220.000 Menschen ein Zuhause mit fließendem Wasser finden. Die Höfe der Gemeindebauten haben Burgcharakter. Die Wohnblocks schließen sie ein und ermöglichen eine gute Sicht auf die Geschehnisse im Hof.
In ihnen sind Einrichtungen für alle Bewohner integriert, wie Kindergärten, Badeanstalten und Wäschereien. Der Karl-Marx-Hof ist einer der größten Gemeindebauten Wiens und seine Wohnungen sind bis heute sehr gefragt.

Postmoderne (1960 bis heute)

Das lateinische Wort „post" bedeutet im Deutschen „danach." Nach der neuen Schlichtheit der Moderne soll ein Gebäude nicht nur einen Zweck erfüllen, sondern außerdem mit Fantasien spielen. Diese Fantasie muss aber nicht unbedingt etwas mit dem Zweck des Gebäudes zu tun haben. Wieder werden Elemente früherer Stile, wie Säulen und Bögen, übernommen und durch neue Materialien modernisiert. Außerdem gibt es auch keine Einschränkung mehr, welche Elemente vermischt werden dürfen.

Dekonstruktivismus (1980 bis heute)

Wurde bisher ein Gebäude oft abgehoben von seiner Umgebung gesehen, sieht der Architekt im Dekonstruktivismus das Haus als Teil seiner Umgebung an. Herkömmliche geometrische Figuren, wie Würfel oder Kugeln, lösen sich auf. Das Haus und dessen Konstruktion stehen im Bezug zu dem Umfeld, das sie umgibt. Wände und Stützen müssen nicht mehr gerade stehen, wenn es Bewegung und Fluss der Menschenströme so verlangen. Es geht um die Energie, den Zauber, die ein Ort ausstrahlt, die der Architekt genau betrachten muss, um dann das Haus mit seinem gesammelten Wissen entstehen zu lassen.

Danke

Den Architekten Karl Ehn, Heinrich Hrdlicka, Friedensreich Hundertwasser, Adolf Loos, Josef Maria Olbrich, Gottfried Semper und Otto Wagner für ihr Vermächtnis

Adolf Krischanitz, Gustav Peichl und den Architekten Ortner und Ortner für die ausführlichen Gespräche sowie natürlich Carl Pruscha für seine Lehre und seine freundschaftlich-väterliche Art

Dem Studententheater „Stuthe"

Den Kindern der Integrativen Werkstatt Wien Brigittenau

Der Akademie der bildenden Künste, Wien, die Pinsels und Paulas Zuhause ist

Vizerektor Andreas Spiegel, der das Projekt immer begleitet hat

Dr. Gabriele Reiterer, die uns Starthilfe war

Antje Lehn für ihr Engagement

Unseren Eltern und Geschwistern, weil sie unsere Basis sind

James' Oma, die Paula ihren Namen gab

Der Wiener Band K-Punkt

Alex' Schwestern, weil sie ehrliche Leser sind

Dem Atelier Löwy

Anna-Maria Koppenwallner, Kunsthistorikerin, für die schönen Worte

Paul, der Teil war

Andi für seine wunderbaren Ideen

Julia für den Beistand

Pia und Severin, die eine andere Ebene gegeben haben

Annalena für jede Kritik

Noa und Symmetrie

Richard, der Beispiel war

Michi für das Stühlchen am Baum

Nina, die immer die erste Lektorin gewesen ist

Vor allem aber Alex, der die Geschichte lebendiger gemacht hat und immer weitere erzählt, wenn man genauer hinsieht

Und James, ohne den es Pinsel und Paula niemals gegeben hätte